Cornelia Heller

NEUES BAUEN
IM LAND VON REFORMATION
UND MODERNE

Bauten des 20. und 21. Jahrhunderts

ARCHITEKT*OU*REN
durch Sachsen-Anhalt

Naumburger Dom St. Peter und St. Paul

Nicht immer war Reisen so einfach wie heute. Von Havelberg nach Zeitz benötigte einst eine Kutsche mit Gefolge sechs Tage. Mit dem Auto bewältigt man die Strecke jetzt in drei Stunden, kaum zwei sind die Lutherstädte Wittenberg und Eisleben entfernt. Für Menschen früherer Zeiten klafften zwischen den Städten gewaltige Distanzen, die motorisierte Fahrt mit heutigen Geschwindigkeiten wäre ihnen sicherlich atemberaubend erschienen. —— Der 4. Band der „ARCHITEKT*OU*REN durch Sachsen-Anhalt" soll allen helfen, die auf der Suche nach Erholung und Erkenntnis sind, das Land Sachsen-Anhalt mit seinem unschätzbaren Erbe – und dem maßvollen Umgang damit in heutiger Zeit – zu erkunden. Das Buch möchte den Blick öffnen, informieren und anregen, sich mit der Geschichte und den eigenen Wurzeln auseinanderzusetzen, beitragen, Identität zu vermitteln und Fragen zu beantworten nach dem WOHER wir kommen und WOHIN wir gehen. —— „ARCHITEKT*OU*REN durch Sachsen-Anhalt – Neues Bauen im Land von Reformation und Moderne" versteht sich als Klammer zwischen den Tourismusrouten des Landes und vermittelt Tipps zu „Sehenswertem auf dem Weg". —— Die „Straße der Romanik" feiert im Jahr 2018 ihr 25. Jubiläum. Die Vernetzung wertvoller Architektur aus baugeschichtlich wichtiger Zeit entpuppte sich als geniale Idee, sie gab Impulse, um sich in vielen Orten des Landes seiner Bauten und seiner wertvollen historischen Bausubstanz zu erinnern, sie in Stand zu setzen und sie regelmäßig zugänglich zu machen. Auf mehr als 1.000 Kilometern kann man heute in zwei Routen 88 Bauwerke an 73 Orten besuchen: Das ist Mittelalter zum Anfassen. Gezielte Förderung und eine gute Vermarktungsstrategie haben die „Straße der Romanik" zu einer festen Instanz in Sachsen-Anhalt werden lassen. Mittels ihrer wird eine Zeit beleuchtet, die mit überregionaler Ausstrahlung im Zeichen des religiösen Lebens steht. An all ihren Bauten ist aber auch die Weiterentwicklung ablesbar: Bauliche Veränderungen in der Gotik, in der Renaissance und weiteren Bauepochen sind zu entdecken, sie sind ein Spiegel von Macht und Bürgerstolz, von „Pracht + Mythos". —— 50 Parks und Gärten umfassen die „Gartenträume – Historische Parks in Sachsen-Anhalt". Auch hier war die touristische Erschließung Anlass zur denkmalgerechten Wiederherstellung, für dauerhafte Pflege und neue Nutzung. Sie ist Einladung zur Wiederentdeckung des gartenkulturellen Erbes des Landes. Gärten und Parks sind die „Brücken" zu Klöstern und Schlössern, Stadtbefestigungen und Gartenschauen. ▬▬ Auf den „Himmelswegen" werden Besucher in Zeiten entführt, für die unsere Vorstellungskraft kaum ausreicht. Sensationelle archäologische Entdeckungen zurückliegender Jahre werden heute neu präsentiert, all das in Verbindung mit zeitgenössischer Architektur und Landschaftsarchitektur in hoher Qualität. ▬▬ Die „ARCHITEKTOUREN durch Sachsen-Anhalt" lenken die Aufmerksamkeit auf das Neue: die Bauten des 20. und des 21. Jahrhunderts. Vielfältig ist das teils in Vergessenheit geratene, in der Gegenwart sanierte und teils zeitgenössisch ergänzte Erbe der Moderne, das in 2019 mit dem Jubiläum „100 Jahre Bauhaus" stärker in den Fokus rückt: weil wir #moderndenken und das Bauhaus in Sachsen-Anhalt Schule machte und macht. ▬▬ Diesen Spuren bis ins Heute zu folgen ist nicht nur spannend. Es ist vor allem lohnenswert, weil es die gebaute Umwelt besser verstehen lässt. Unter anderem deshalb ist es Anliegen der „Landesinitiative Architektur und Baukultur in Sachsen-Anhalt" – getragen von Architektenkammer und Ministerium für Landesentwicklung und Verkehr –

nach 1990 entstandene, ausgewählte und ausgezeichnete „Neue Architektur" einer breiten Öffentlichkeit näherzubringen. Die Reihe „ARCHITEKTOUREN" ist dabei eines ihrer langfristig verfolgten Projekte. ▬▬ Sachsen-Anhalt gehört zu den Bundesländern mit der größten Dichte an Welterbestätten. Die Anerkennung der UNESCO würdigt Besonderheit und Einmaligkeit, bringt aber gleichermaßen Verpflichtung. Bauten und Gärten des Welterbes sind in architekturtouristische Konzepte eingebunden, zwei davon werden hier näher vorgestellt: die Luthergedenkstätten und das Bauhaus. Das Reformationsjubiläum 2017, der 100. Geburtstag des Bauhauses im Jahr 2019 sowie das Europäische Kulturerbejahr 2018 unter dem programmatischen Titel „Sharing Heritage": „Erbe teilen" gaben den Anlass für die Publikation. ▬▬ Für alle, die – ob mit dem Bus, der Bahn, dem Auto, per Pedes oder mit dem Rad – „ARCHITEKTOUREN durch Sachsen-Anhalt – Neues Bauen im Land von Reformation und Moderne" als kompaktes Wissen auf ihre, nur dem eigenen Tempo verpflichtete Reise mitnehmen wollen, wiegt das handliche Buch weit mehr als ein knappes „Pfund Papier" in der Tasche.

P. H.

EINFÜHRUNG

Sachsen-Anhalt in der Mitte Deutschlands – Kernland Deutscher Geschichte – ist reich an baulichen Zeugnissen seiner aufregenden Entwicklung in einer alten, bedeutenden Kulturlandschaft. Kunst, Wissenschaft und Wirtschaft blühten, außergewöhnliche Menschen lebten hier und prägten sie. In der Kultur ihres Bauens spiegelt sich bis heute der Zeitgeist der jeweiligen Epoche. —— Teile des Landes zwischen Harz, Fläming, Elbe, Unstrut und Saale waren nachweislich schon in vor- und frühgeschichtlicher Zeit besiedelt. Hinweise auf eine unerwartete Hochkultur geben spektakuläre Funde und Entdeckungen: die „Himmelsscheibe von Nebra", das „Sonnenobservatorium von Goseck" oder das „Ringheiligtum Pömmelte", die der Besucher entlang der „Himmelswege" erleben kann. —— Unter Karl dem Großen begann ab 775 die Missionierung des Gebietes. Halberstadt wurde ab 804 Bischofssitz. ➜ *Magdeburg*, die jetzige Landeshauptstadt Sachsen-Anhalts, fand im Jahre 805 erstmals urkundlich Erwähnung und ➜ *Halle (Saale)* im Jahr 806. Kaiser Otto der Große, erster Herrscher des Heiligen Römischen Reiches Deutscher Nation, gründete 968 das Erzbistum Magdeburg und erkor die Stadt an der

Elbe zu seiner Lieblingspfalz. —— Stadtentwicklung und Handel beeinflussten über alle Zeiten die Entwicklung der Kunst und des Bauens in großem Maße. Bedeutende Zeugnisse dafür wie Burgen, Pfalzen, Dome und Klöster finden sich an der „Straße der Romanik" und sind unschätzbar wertvolles kulturelles Erbe. —— Welch große Wirkung der Glauben auf den Alltag der Menschen hatte, zeigen Pilgerreisen in heute nicht mehr vorstellbarem Ausmaß. Gläubige machten sich auf den Weg, um Heiltümer zu besuchen und um Ablass zu erlangen. Ernst von Wettin, Erzbischof von Magdeburg und Bischof von Halberstadt, und sein Bruder Friedrich der Weise, Kurfürst von Sachsen, teilten diese Leidenschaft, das Sammeln von Reliquien und anderen Kunstgegenständen. Ernst legte im frühen 16. Jahrhundert das Fundament des späteren Halleschen Heiltums, Friedrich stellte das seine im Wittenberger Schloss öffentlich zur Schau. Der Halberstädter Domschatz, vergleichbar mit diesen Sammlungen, lässt mit seiner Pracht und Einmaligkeit den Besucher noch heute staunen. —— Martin Luther, in der heutigen ➜ *Lutherstadt Eisleben* geboren und gestorben und die ersten dreizehn Jahre seines Lebens in

Evangelisches Predigerseminar im Schloss Wittenberg

Landschaft um Lutherstadt Eisleben

Mansfeld zu Hause, lehrte an der 1502 von eben jenem Friedrich dem Weisen gegründeten ersten landesherrlichen Universität Deutschlands in Wittenberg. Vor 500 Jahren – 1517 – schlug Luther seine weltberühmten 95 Thesen an die Tür der Schlosskirche, er brachte damit „den Stein ins Rollen" und leitete die Reformation ein. Zeitgenossen wie der Maler Lucas Cranach d. Ä., die Theologen Philipp Melanchthon und Johannes Bugenhagen sowie der Buchdrucker Hans Lufft lebten und wirkten ebenfalls in der heute nach dem Reformator benannten **Lutherstadt Wittenberg.** Andere, wie der Finne Mikael Agricola, studierten dort und trugen die reformatorischen Ideen in die Welt. —— Die Zeit der Reformation war eine Zeit der Umbrüche, so auch in Halle (Saale). Hier residierte Kardinal Albrecht von Brandenburg, als Nachfolger Ernst von Wettins auch als „Gegenspieler Luthers" bezeichnet. Auf Initiative des Kirchenfürsten veränderte sich der mittelalterliche Stadtgrundriss, es wurden wegweisende städtebauliche Entwicklungen vorangetrieben und renaissancegeprägte Bauten hohen baukünstlerischen Werts errichtet, bevor auch in Halle die Reformation Einzug hielt und der Kardinal die Saalestadt

verließ. —— Im Vorharzstädtchen **Osterwieck** wurden die Gedanken der Reformatoren sehr früh aufgenommen und die Bürgerschaft wies auf ihr Bekenntnis zum protestantischen Glauben an Balken ihrer Fachwerkhäuser für jedermann sichtbar hin. —— Der Dreißigjährige Krieg – ein Flächenbrand um Macht und Glauben – brachte Tod und Verwüstung. Auf den weiten Schlachtfeldern südlich von Halle (Saale) starben tausende Soldaten, der schwedische Feldherr Gustav II. Adolf wurde tödlich verletzt. Die verheerende Zerstörung Magdeburgs im Jahr 1631 ist ein Zeugnis all dessen. —— Kluge und aufgeklärte Fürsten regierten über die Zeiten das Land und begründeten und beförderten Kultur und Wissenschaft. So die „Fruchtbringende Gesellschaft", ein Sprachverein, den Fürst Ludwig I. von Anhalt-Köthen 1617 initiierte. Leopold III. Friedrich Franz von Anhalt-Dessau war beseelt von der Idee des englischen Landschaftsgartens, den er sich in Wörlitz erfüllte und zudem mit klassizistischen Bauten des Friedrich Wilhelm von Erdmannsdorff ab 1770 gestalten ließ – heute Mittelpunkt des Dessau-Wörlitzer Gartenreichs, durch das Besucher aus aller Welt entlang der „Gartenträume" lustwandeln. —— Die bereits

Stadthalle und Albinmüllerturm, Rotehorninsel Magdeburg

1694 gegründete Martin-Luther-Universität der Stadt Halle (Saale) erweiterte sich ab 1830. Das bauliche Ensemble um den Universitätsplatz ist ein Zeugnis klassizistischen Bauens. —— August Herrmann Francke richtete 1695 in Halle eine Armenschule mit Waisenhaus ein, die heutigen Franckeschen Stiftungen. —— Um 1850 begann die Industrialisierung. Der verstärkte Anbau von Zuckerrüben auf den fruchtbaren Äckern der Börde zog den Bau von Zuckerfabriken nach sich. Der Abbau von Kohle und die Gewinnung von Energie fanden im Südosten des Landes statt. Chemieindustrie siedelte sich an. Der Raum um Halle, Merseburg, Bitterfeld wurde zum mitteldeutschen industriellen Zentrum und Magdeburg die Stadt des Maschinenbaus – Industriekultur entstand. —— Auch „Bildung für alle" gewann zunehmend an Bedeutung. Die Kunst- und Handwerkerschulen in Magdeburg und Halle (Saale), ständigen Wandlungs- und Anpassungsprozessen unterworfen, etablierten sich. —— Nach dem Ersten Weltkrieg begann das Neue Bauen und fand seinen Höhepunkt in den 1920er-Jahren. Gartenstädte, Werkssiedlungen und genossenschaftliches Bauen setzten weltweit Maßstäbe für notwendige Stadterweiterungen. Es entstand qualitätvoller Massenwohnungsbau in hervorragenden städtebaulichen Strukturen, Licht und Luft sollte es für alle ausreichend geben. —— Der Name Bruno Taut steht bis heute für das „Bunte Magdeburg" dieser Zeit. In den zwei Jahren seiner Tätigkeit als Stadtbaurat legte er die Grundlage für die weitere bauliche Entwicklung der Stadt, holte talentierte junge Architekten in die Elbestadt. Johannes Göderitz als sein Nachfolger setzte den eingeschlagenen Weg konsequent fort. Neben dem Bau von Wohnungen dokumentieren auch Schulen, Kultur- und Verwaltungsgebäude den neuen Bauwillen eindrucksvoll. —— Walter Gropius gründete vor 100 Jahren – 1919 – das „Staatliche Bauhaus in Weimar". 1925 musste er unter politischem Druck rechtsgerichteter Kräfte aufgeben. ➋ Dessau wurde bis 1932 die neue Heimstatt der Bauhäusler und bereits 1926 das neue Bauhaus-Gebäude eingeweiht. Mit dem Bauhaus als „Hochschule für Gestaltung" gab es nun eine dritte künstlerische Ausbildungsstätte auf dem Gebiet des heutigen Sachsen-Anhalt. Blieb Gropius auch nur drei Jahre in Dessau, der bauliche Fußabdruck, den er mit seinen Mitarbeitern in der Stadt an Mulde und

Bauhaus Dessau

Elbe hinterließ, ist mehr als beachtlich. —— Auch in Halle (Saale), wo Stadtbaurat Wilhelm Jost wirkte, finden sich spannende Bauwerke einer von Stadterweiterung geprägten Zeit. —— Die Reihe der Architekten der Moderne ist lang, ihre baulichen Zeugnisse gibt es in Aschersleben, Sangerhausen, in Leuna, Bad Dürrenberg, Bitterfeld … —— Die Botschaft des Bauhauses mit seiner Verknüpfung von Handwerk, Malerei, Theater und Bildhauerei unter Führung der Architektur war künstlerisches, pädagogisches und soziales Programm und strahlt bis heute in die ganze Welt. So stehen heute die Bauhausstätten in Dessau-Roßlau neben den Lutherstätten in den Lutherstädten Wittenberg und Eisleben ebenso auf der Liste des UNESCO-Welterbes wie die Altstadt von Quedlinburg und das Gartenreich Dessau-Wörlitz. —— Nach dem Ende des Zweiten Weltkrieges wurde 1947 das Land Sachsen-Anhalt gegründet, später entstanden daraus die Bezirke Halle und Magdeburg. Viele Zeugnisse der Baugeschichte von unschätzbarem Wert waren in den Städten Halberstadt, Dessau, Zerbst und Magdeburg durch die Bombardements der Alliierten während des Krieges unwiederbringlich zerstört worden. Der Wiederaufbau erfolgte anfangs kleinteilig und an die historische Tradition der 1930er-Jahre anknüpfend, bevor die Bauten der sogenannten „Nationalen Tradition" Einzug hielten. Im Bemühen um attraktive Stadtzentren gab es ab den 1960er-Jahren Planungen, die sich durchaus an der Moderne und internationalen Trends orientierten, allerdings oftmals unter Inkaufnahme von Verlusten historischer Strukturen und Bausubstanz. —— Die Einführung und stringente Ausrichtung der industriellen Bauweise auf wiederverwendbare Elemente schränkte die Gestaltungsmöglichkeiten erheblich ein. Baudenkmale mussten weichen und wurden zugunsten von Gebäuden in Plattenbauweise abgerissen. Architektur und Städtebau in der DDR mussten sich der Politik, Ideologie und Ökonomie unterordnen. Mit zeitlichem Abstand werden heute ausgewählte Bauten der „Ostmoderne" neu bewertet. Über Jahre war dem wertvollen Baubestand, bereits in den Jahren von Kriegen und Krisen vernachlässigt, die notwendige Aufmerksamkeit verwehrt worden. Diese lag auf wenigen ausgewählten „Leuchttürmen" wie der Fachwerkstadt Quedlinburg, der Domstadt Naumburg und später auch auf dem Bauhaus in Dessau. Der Zustand der Städte war u.a. Anlass für den

Zentrum Taufe St. Petri-Pauli, Lutherstadt Eisleben

Protest der Menschen, der in die fried-liche Revolution von 1989 mündete. —— Mit der Wiedervereinigung beider deutscher Staaten 1990 konnte mit der Sanierung der historischen Bausubstanz begonnen werden. Hatte der Mangel in der DDR dafür gesorgt, dass viele Baudenkmale unbeschadet von baulichen Veränderungen blieben, war der Bestand teils erbärmlich. —— Am 14. Oktober 1990 wurde das Land Sachsen-Anhalt wieder gegründet. Neue Wohn-, Verwaltungs-, Universitäts- und Gewerbebauten entstanden, das Bild der Städte veränderte sich. Architektenwettbewerbe nahmen Einfluss auf die städtebauliche, die funktionelle und gestalterische Qualität des Gebauten. Der Architekturpreis des Landes Sachsen-Anhalt würdigt herausragende Leistungen und ist heute Bestandteil der „Landesinitiative Architektur und Baukultur". —— Über Jahrhunderte sind die Städte erweitert worden und wuchsen, derzeit schrumpfen Sachsen-Anhalts Städte. Der Stadtumbau verlangt ganz neue Herangehensweisen, die von Bund und Land umfassend gefördert werden. Die Internationale Bauausstellung (IBA) Stadtumbau Sachsen-Anhalt 2010 begleitete seit 2002 diesen Prozess in 19 Städten erfolgreich. ——

Stadtentwicklung ist niemals abgeschlossen, auch zukünftig wird auf kreative, zeitgemäße und qualitätsvolle Lösungen für Sachsen-Anhalts sehenswerte Städte und Dörfer gesetzt. —— Das Land Sachsen-Anhalt sieht sich auch 100 Jahre nach der Gründung des Bauhauses der Moderne verpflichtet und zeigt das mit der auf das Bauhausjubiläum ausgerichteten Kampagne „#moderndenken" – „Sachsen-Anhalt. Hier macht das Bauhaus Schule". So wie man das Bauhaus nicht nur auf Stahlrohrmöbel und Flachdacharchitektur reduzieren darf, ist es auch mit der Epoche der Moderne, die sich in Sachsen-Anhalt im Land ausgesprochen vielschichtig zeigt. In den kommenden Jahren wird sie mehr in den Fokus der Öffentlichkeit gerückt werden. Bauherren und Architekten bauen heute in der Tradition der Moderne „weiter". Zeitgenossenschaft bei gleichzeitigem Respekt vor dem wertvollen Erbe: Auf den „ARCHITEKTOUREN durch Sachsen-Anhalt – Bauten des 20. und 21. Jahrhunderts" kann man all dem begegnen.

P. H.

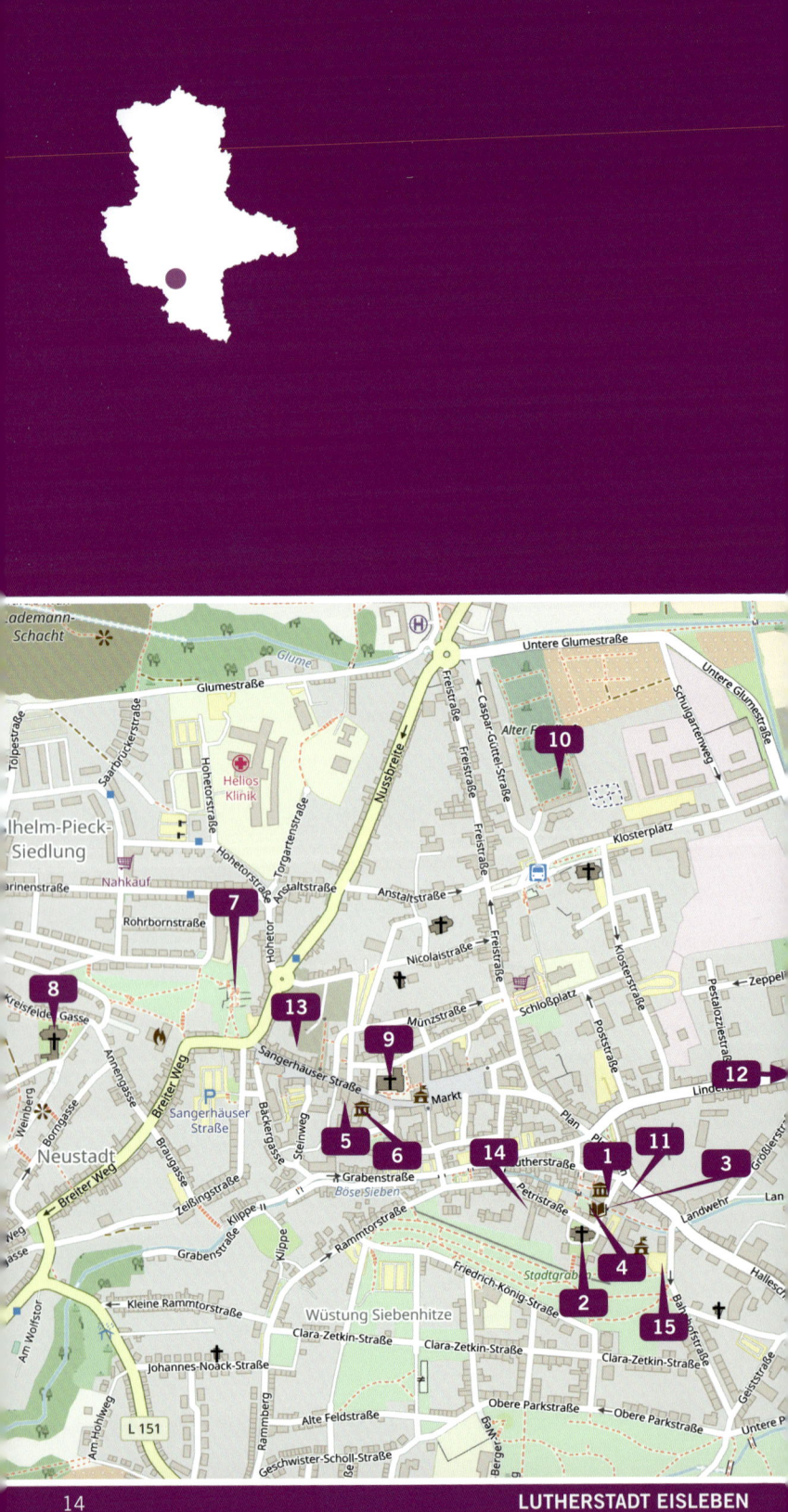

LUTHERSTADT EISLEBEN

1   Luthergeburtshausensemble

2   Zentrum Taufe St. Petri-Pauli

3   Lutherarchiv

4   Schöpfungsgarten

5   Luthers Sterbehaus

6   Vikariatsgarten

7   Stadtterrassen

8   Kloster und Kirche St. Annen

9   St. Andreaskirche

10   Alter Friedhof (Kronenfriedhof)

11   Eisleber Lutherweg (Start Eislebenhof)

12   Kloster Helfta

13   Neubauten am Knappenbrunnen

14   Petrihöfe

15   Malzscheune, Besucherempfang

Blick von St. Annen auf Lutherstadt Eisleben

„Zwischen grünen, hohen Hügeln …" liegt durchflossen von der Bösen Sieben die Stadt Eisleben. Was so märchenhaft klingt, schaut sich nicht minder pittoresk und beschaulich an und reizte bereits den Dichter Hans Christian Andersen auf seiner Reise durch das Land der Mansfelder Grafen. Die Geschichte der Region ist untrennbar mit der des Kupferschieferbergbaus und der Verhüttung des „Roten Goldes" verbunden. 1364 erhielt Gebhard II. Graf von Mansfeld das Privileg des Bergregals von Kaiser Karl IV. und damit das Verfügungsrecht über die ungehobenen Bodenschätze. Mit dieser Gunstbezeugung begann ein ungeahnter Aufschwung in der Berg- und Hüttenwirtschaft, Arbeitskräfte zogen scharenweise in die Städte. Das Mansfelder Land galt als Eldorado jener Tage. Die Eisleber Altstadt spiegelt bis heute diesen frühen Wohlstand, der bis in das 15. und 16. Jahrhundert reichen sollte. ⸻ Auch Margarethe und Hans Luder verließen das elterliche, thüringische Möhra, um hier ihr Glück zu suchen. In Eisleben, das eigentlich nur Zwischenstation auf ihrem Weg nach Mansfeld werden sollte, erblickte 1483 ihr erster Sohn Martin das Licht der Welt, der in der Kirche St. Petri-Pauli das Sakrament der Taufe erhielt. Heute,

nach Sanierung und behutsamen Umbau, ist diese Kirche das ökumenische ➔ *Zentrum Taufe St. Petri-Pauli*, eine Idee, die dem durch Gemeindeschrumpfung bedrohten Haus eine tragfähige Nutzung hinzufügte. ⸻ Dass es manch originaler Luther-Schauplatz wie etwa das Geburtshaus nicht bis in die Gegenwart geschafft hat, ist unter anderem verheerenden Stadtbränden geschuldet. Oder einem Irrtum: Die als Sterbehaus deklarierte Adresse wurde im 19. Jahrhundert zum Luther-Memorialort. Beide Orte tragen seit 1996 als Welterbe der Menschheit das Label der UNESCO und stehen als Luthergedenkstätten unter der wachen Verantwortung gleichnamiger Stiftung in Sachsen-Anhalt. ⸻ Diese nutzte die Gunst der Stunde des 500. Reformationsjubiläums 2017 und setzte den sanft sanierten Orten meisterhafte zeitgenössische Architektur für eine moderne Rezeption der Reformationsgeschichte zur Seite. Das ➔ *Museum Luthers Geburtshaus* und das ➔ *Museum Luthers Sterbehaus* betten sich seither mit ihren als „dienstbare Nachbarn" bezeichneten, zeitgenössisch-wegweisenden Ergänzungsbauten sowie exzellenter Ausstellungsarchitektur als wichtige Fixpunkte in das beispielhafte „Gemeinschaftswerk

Lutherstadt Eisleben: Markt

Lutherstadtumbau" ein, in dem man während der Teilnahme an IBA Stadtumbau 2010 mit „K3 – kleiner, klüger, kooperativ" wirkte. Wahrscheinlich liegt in dieser Gemeinsamkeit – und nicht zuletzt in der konsequenten Auslobung konkurrierender Verfahren wie Architektur- oder Gestaltungswettbewerben – das Geheimnis für gelingenden Stadtumbau und hat die Lutherstadt Eisleben zur heimlichen „Hauptstadt" Sachsen-Anhalts ausgereichter Architekturpreise jeglicher Couleur werden lassen. —— Die Erinnerung an den großen Reformator ist denn neben der Bergbautradition das Pfund, mit dem die Stadt vor allem touristisch punktet. Nicht zuletzt dafür wurde als zentrales Projekt für die Internationale Bauausstellung Stadtumbau Sachsen-Anhalt 2010 der ➜ *Eisleber Lutherweg* erfunden, ein durch die alte Stadt führender Pfad, der sowohl authentische als auch inszenierte Luther-Orte aneinanderbindet. Insbesondere letztgenannte eröffneten in der seit der politischen Wende und dem Rückgang des Bergbaus von Abwanderung, Leerstand und wachsendem Verfall betroffenen Stadt die Chance, sinnstiftend Lücken im Straßenbild zu schließen. Zwölf Haltepunkte kann der Besucher seitdem vom ➜ *Eislebenhof* aus ansteuern, unter anderem im ➜ *Schöpfungsgarten* am neu entstandenen ➜ *Lutherarchiv* verweilen, den ➜ *Vikariatsgarten* am Museum Luthers Sterbehaus besuchen oder mit den ansteigenden ➜ *Stadtterrassen* die Neustadt und schlussendlich ➜ *St. Annen* erreichen. —— Hier oben, am westlichen Rande der Altstadt, gründeten 1511 die Mansfelder Grafen die Eisleber Neustadt. St. Annen, die Kirche der Berg- und Hüttenleute, krönt seither mit dem von Luther mehrfach besuchten Augustiner-Eremiten-Kloster die bewegte Stadtsilhouette und stellt zugleich ein einzigartiges kunsthistorisches wie reformationsgeschichtlich wichtiges Ensemble. —— Den Zeichen der Reformation folgt man in Eisleben nicht zuletzt mit dem 1533 angelegten ➜ *Kronenfriedhof*, ein der Zeit entrückter Campo Santo nach italienischem Vorbild. Opfern der Kriege ist hier ebenso ein Mahnmal errichtet worden wie im Stadtpark, wo 1932 das aus rotem Porphyr errichtete „Tor der Mahnung" nach Entwürfen des halleschen Bildhauers Richard Horn eingeweiht wurde. Vier Skulpturen – zwei davon, eine trauernde Mutter und ein junger Bergmann, sind noch vorhanden – schmückten einst den triumphbogenartigen Portalbau mit gotisch nachempfundenem Spitzbogen

15

13

14

mit figürlichem Bauschmuck, der sich bewusst in seiner modernen Sachlichkeit zurücknimmt. Denn die Moderne, das konstatierte damals schon Horn, nahm in Eisleben weit weniger an Fahrt auf. ▬ Anders im nahen Sangerhausen, wo expressiv gestaltete Bauten – Sparkasse, Bibliothek oder Schwimmbad – auf eine fast vergessene regionale Architekturavantgarde der 1920er-Jahre verweisen. Werke, die Anfang des 20. Jahrhunderts in Eisleben dem Stil dieses Neuen Bauens folgen, finden sich eher verhalten: zum Beispiel Villen in den oberhalb der Altstadt gelegenen Straßenzügen oder der um 1925 erbaute kleine Backsteinkiosk in oktogonaler Form am Rande des Stadtparks. Oder das im unmittelbaren Umfeld des Museums Luthers Geburtshaus gelegene, lange Zeit unsaniert-leerstehende und nüchterne Lagergebäude der früheren Herdfirma Genscher, das 2010 der Eisleber IBA-Ausstellung seinen Rahmen lieh und jetzt zu einem Depot der Stadt ausgebaut werden soll. ▬ Mittlerweile haben sich weitere Lücken im engen Gewebe der alten Bergmannsstadt geschlossen: zum Beispiel mit den in den alten Straßenzug eingepassten drei ➲ *Neubauten am Knappenbrunnen* in der Sangerhäuser Straße, die auf eine vom Land geförderte Initiative MUT ZUR LÜCKE – MUT ZU NEUEM zurückgehen, oder der Mehrgenerationen-Wohnanlage in den ➲ *Petrihöfen*, die allesamt mit ihren modernen Zuschnitten wieder Bewohner in die Altstadt locken. Mit der denkmalgerechten Sanierung der historischen ➲ *Malzscheune* ist ein Besucherempfang mit vorgelagertem Busparkplatz eingerichtet worden. Und für das älteste Volksfest im mitteldeutschen Raum, die „Eisleber Wiese", soll eine „Festscheune" in einer Anmutung von Holz und Kupfer entstehen. So jedenfalls die Idee, die in einem von der Stadt ausgelobten Architekturwettbewerb favorisiert wurde. Es bleibt also spannend.

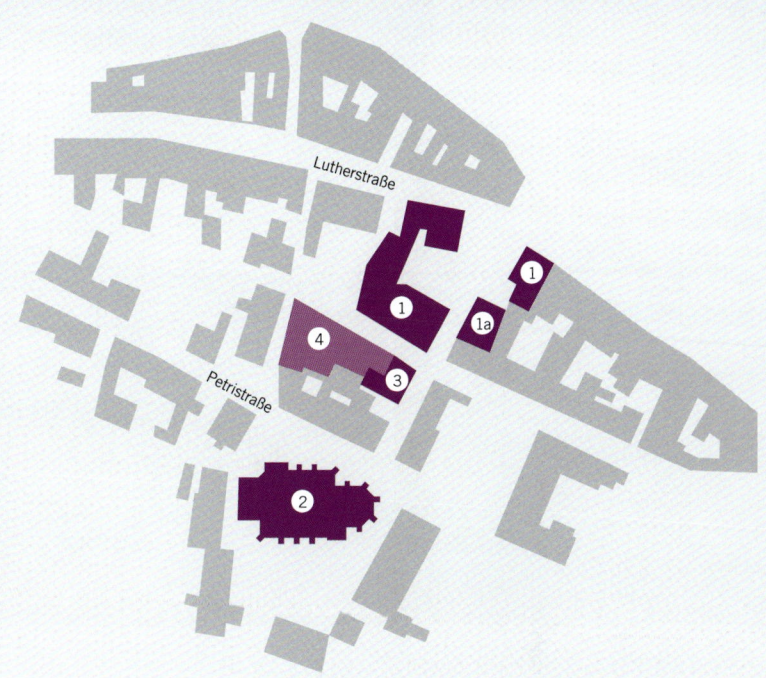

1 **LUTHERGEBURTSHAUSENSEMBLE** (2007)
Lutherstraße 15–17
Springer Architekten

1a **EISLEBENHOF** (2010)
Lutherstraße
Springer Architekten
mit cuboidoo architekten BDA

2 **ZENTRUM TAUFE ST. PETRI-PAULI** (2012)
Petrikirchplatz 22
AFF architekten

3 **LUTHERARCHIV** (2016)
Seminarstraße 2
Atelier ST Gesellschaft von Architekten mbH BDA

4 **SCHÖPFUNGSGARTEN** (2009)
Seminarstraße 2
lohrer.hochrein landschaftsarchitekten bdla

1 LUTHERGEBURTSHAUSENSEMBLE (2007)

Lutherstraße 15 – 17
Architekt: Springer Architekten, Berlin
Ausstellungsgestaltung: Gruppe Holstein Grafikdesign I Museums- und Ausstellungsgestaltung, Leipzig
Bauherr: Stiftung Luthergedenkstätten in Sachsen-Anhalt, Lutherstadt Wittenberg

Zunächst steht da ein Haus aus dem Jahr 1693, und es ist nicht das originale spätmittelalterliche, in dem Martin Luthers Mutter ihn 1483 gebar. Der nach einem Brand im Eisleber Petriviertel errichtete städtische Nachbau als „Allmosen-Haus, auch Schreib- und Rechenschule" sowie einer Gedenkstätte stand von Anbeginn in der Pflicht eines Museums, es zählt damit zu den ältesten Einrichtungen seiner Art im deutschsprachigen Raum. ⸻ Und dann sind da die Armenschule sowie ein Hof mit weinumrankter Pergola samt wuchtigem Sandsteinportal. Das alles erzeugt im Eintretenden die Anmutung einer malerischen Gartenidylle, die Friedrich August Stüler in Funktion als Ministerialbaurat im Dienst des preußischen Staats dem nunmehr hofseitig erschlossenen Ensemble zugedachte. König Friedrich Wilhelm III. hatte das 300. Reformationsjubiläum 1817 zum Anlass genommen und die bis dahin eher spendengetragene Einrichtung in Staatsbesitz überführt. ⸻ Mit dem Wunsch der Stiftung Luthergedenkstätten in Sachsen-Anhalt nach einer längst überfälligen denkmalgerechten Museumssanierung des seit 1996 von der UNESCO geschützten Ortes samt einer notwendigen Erweiterung wurde 2005 in Anbetracht des sensiblen Umfelds eine städtebauliche Strategie denn ein architektonischer Entwurf bevorzugt. Dieser Ansatz griff nämlich auf die Idee vom Hof als Zentrum zurück und band Geburtshaus und Armenschule mit einem der Umgebung an- und in sie eingepassten Museumsflügel aneinander. Ähnlich einem stärkenden Rückgrat stellt seitdem dieses neue Haus einen leisen, wohltuenden Hintergrund und zugleich den Eingang und die Einladung, sich auf Luthers Wegen entlang eines dauerausgestellten Erzählstrangs „Von daher bin ich" zu begeben. ⸻ Gänzlich unverstaubt gelingt den Ausstellungsmachern

der Spagat zwischen notwendiger Heimat-Inszenierung von Stadt, Bergbau und Familie und der Gestaltung eines „Erinnerungsortes Luther", zu dessen Pflege und Vermittlung die Stiftung von jeher angetreten ist. ━━ Die nunmehr 750 Quadratmeter Ausstellungsfläche bleiben von außen fast unsichtbar. Lediglich Kubaturen zeichnen sich ab. Etwa vom satteldachgetragenen Giebel, der zusammen mit dem der neogotischen Armenschule wie ein zweieiiges Zwillingspärchen die Grundstücksbegrenzung zur Bösen Sieben bildet. Ein Stück alte Bruchsteinmauer vermittelt hier zwischen beiden in einem kleinen Versatz. Ebenso hat man die mannshohe, frühere Grundstückseinfriedung für die Ausbildung eines vorgelagerten zweiten kleinen Hofes vor dem Foyer genutzt. Wohl gewählte Worte des Dichters Hans Christian Andersen führen am Eingangsbereich den Besucher poetisch ein: „Zwischen grünen, hohen Hügeln …". ━━ Beiden gemeinsam – dem Museum wie dem Sitz der Stiftungsverwaltung und der Stadtinformation auf dem gegenüberliegenden Straßeneck – sind die helle Fassade aus grau changierenden dänischen Ziegeln. Ebenso die vertikalen Fenster- und Türöffnungen mit tief eingeschnittenen Betonrahmen, aus denen heraus insbeson-

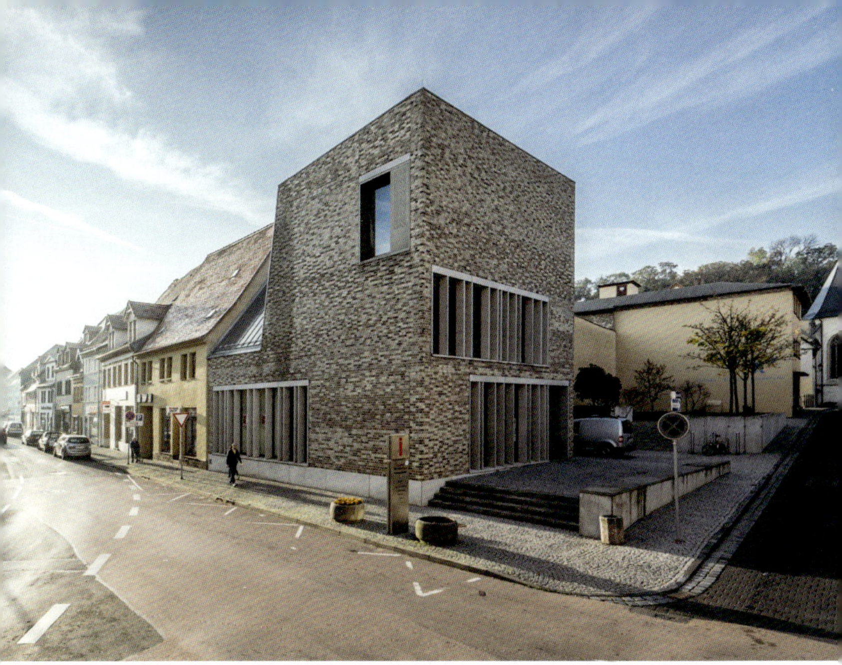

dere aus den Ausstellungsräumen des Museums immer wieder ein überraschend großzügiger und intendierter Ausblick in das Eisleben von heute und nicht zuletzt auf Luthers Taufkirche St. Petri-Pauli gelingt.

2 ZENTRUM TAUFE ST. PETRI-PAULI (2012)

Petrikirchplatz 22
Architekten: AFF architekten, Berlin
Bauherr: Evangelische Kirchengemeinde St. Andreas-Nicolai-Petri, Lutherstadt Eisleben

Jene Kirche, in der die Eltern Luder ihren Sohn am Tag nach seiner Geburt 1483 taufen ließen, war wahrscheinlich noch eine Baustelle. Damals wuchs der Wohlstand der Bergbaustadt Eisleben und im gleichen Maße der ihrer Gemeinden. Auch die Luders waren Zugezogene im Petriviertel, es waren nur wenige Schritte von ihrem Wohnhaus bis zum Gotteshaus, in dem sie ihr erstes Kind nach dem Tagesheiligen Martinus benannten. Ein Vorgängerbau aus dem 13. bzw. 14. Jahrhundert wich einer neuen, im Stile der Spätgotik errichteten Hallenkirche, 1447 war mit dem Westturm begonnen worden. Eine Inschrift bezeugt: 1513 war der Bau vollendet. ▬▬ Die Idee, diese Kirche zu einem ökumenischen Taufzentrum umzuwidmen, war 2007 im Diskussionsprozess der IBA Stadtumbau Sachsen-Anhalt 2010 geboren worden. Offensichtliche Gemeindeschrumpfung und unübersehbarer Sanierungsbedarf hatten die Evangelische Kirchengemein-

de St. Andreas-Nicolai-Petri in Entscheidungszwang zum Er- und Unterhalt gebracht. Aber St. Petri-Pauli war einfach nicht wegdenkbar aus der Stadterzählung, zudem einer der wenigen authentisch erhaltenen Lutherorte in der Pufferzone UNESCO-geschützter Lutherstätten wie dem nahen Geburtshaus und als solcher eine immanente Station auf dem ➔ *Eisleber Lutherweg*. Offen sollte sie sein für den weltweiten Luthertourismus, und in diesem Sinne, ja, auch übergemeindlich, überkonfessionell und derart neu gewichtet ein Zeichen ganz im Sinne Luthers setzen, dem ein Leben lang der Satz Halt und Zuversicht gab: „Baptizatus sum – Ich bin getauft." ▬▬ Das Sakrament der Taufe in den Mittelpunkt stellen war denn auch Auftrag und Ansatz der in einem Gutachterverfahren ausgewählten Architekten, die im Spannungsfeld „zwischen dem Schwergewicht der (weitgehend) originalen Stätte und dem Anspruch der evangelischen Gemeinde,

in zeitgemäßer Weise Öffentlichkeit zu sein" ihren Entwurf entwickelten. ▬ Ein ebenerdiger Taufbrunnen, der auch die Taufe durch Untertauchen ermöglicht, öffnet sich seither an der Raumkreuzung von Chor und Mittelschiff. Wer hineinblickt, glaubt lebendiges, fließendes Wasser zu sehen, es spiegelt den Innenraum wie die umlaufende goldene Inschrift im scheinbar schwebenden Kunststeinboden. Nahtlos und stufenfrei führt eine Bodenplatte die von achteckigen, tief gekehlten Pfeilern getragene und gewölbte Halle zusammen, belässt dabei Achtungsabstand zu allem Alten, aber trägt es resolut ins Heute. Elementar ist seine Gravur: Ausgehend vom Taufbecken und den räumlichen Polen verlaufen zarte Linien in konzentrischen Kreisen, sie zitieren Interferenzen auf der Wasseroberfläche, die sich unterschneiden, überlagern und dabei an Labyrinthe in den großen Kathedralen dieser Welt erinnern. ▬ Mit der Sanierung erhielt das erhaben-stille Innere seine hellweißgraue Fassung zurück. Neue Fenster setzen warme Zutaten ins Licht: Kreuz, Pult und Bänke sind in neidvoll schöner, minimalistischer Handwerkskunst aus regionalen Obsthölzern gefertigt, die die wertvollen Inventarien in ihrer Wirkung unterstreichen: u. a. den spätgotischen Annen-Altar (Figuren von 1505), den Taufstein – ein „Denkzeichen" von 1817, der originale Teile des Taufstein Luthers enthält, – oder die Orgel von 1929 aus der Orgelbauanstalt Wilhelm Rühlmann, Zörbig, deren seltener Prospekt expressionistische Elemente und solche des Art déco aufweist. Ihr Schöpfer ist der Hallenser Paul Horn, ein fast vergessener Bildhauer, der vielfältigen baukünstlerisch-wertvollen bauplastischen und figürlichen Reliefschmuck auf dem Gebiet des heutigen Sachsen-Anhalts schuf.

16
ARCHITEKTURPREIS
DES LANDES SACHSEN-ANHALT

3 LUTHERARCHIV (2016)

Seminarstraße 2
Architekten: Atelier ST Gesellschaft von Architekten mbH BDA, Leipzig
Bauherr: Stiftung Luthergedenkstätten in Sachsen-Anhalt, Lutherstadt Wittenberg

Es ist ein Gebäude mit zwei Gesichtern: einem bauzeitlichen zur Seminarstraße, mit dessen Erhalt man Wünsche der Denkmalpflege berücksichtigte, und einem rückwärtig-neuen für die notwendige Erweiterung sowie einen angemessenen Zugang. Mit ihrem „Lutherarchiv" hat der Bauherr, die Stiftung Luthergedenkstätten in Sachsen-Anhalt, aber nicht schlechthin eine neue Nutzung in ein altes Haus gebracht. In unmittelbarer Nähe von UNESCO-geschütztem Luthergeburtshaus und dem Zentrum Taufe St. Petri-Pauli konnte die 1861/62 erbaute Präparandenanstalt (eine Vorbereitungsschule für das Königliche Lehrerseminar) als unverzichtbarer, weil typisch kleinteiliger Eislebener Stadtbaustein erhalten werden. —— Mit einer Haus-in-Haus-Lösung fügte man einen Neubau in einen Altbau, von letzterem verblieben lediglich dreieinhalb Außenwände, die sind nunmehr von Neu-Beton umfasst. Unerwartet ist die Ausformung des an-

gefügten Baukörpers, der in den Garten (⮑ *Schöpfungsgarten)* mit seinem weit heruntergezogenen Dach zu fließen scheint. Das folgt in Referenz an das Eisleber Stadtbild der historischen Neigung benachbarter Dächer und behütet den Raumgewinn gänzlich unverwechselbar. Den hohen statischen und klimatischen Anforderungen, die ein Archiv an einen Bau stellt, ist mit diesem ausgeklügelten Umbau- und Umnutzungskonzept Genüge getan, die Kunst- und Buchbestände der Stiftung sowie die anvertrauten Schätze aus der Turmbibliothek der Andreaskirche sind nun in den Depot- und Archivräumen konzentriert und sicher aufbewahrt, Platz für Veranstaltung und Zusammenkunft inklusive.

4 SCHÖPFUNGSGARTEN (2009)

Seminarstraße 2
Landschaftsarchitekten: lohrer.hochrein landschaftsarchitekten bdla, Magdeburg
Bauherr: Stiftung Luthergedenkstätten in Sachsen-Anhalt, Lutherstadt Wittenberg

„... wenn ich am Leben bleibe, will ich ein Gärtner werden" – dieser Satz ist aus Luthers Nachlass ebenso überliefert wie seine Liebe zur Natur. In Luthers Gedankenwelt war das Paradies ein Obstgarten, ein „Eden" wie ihn die Bibel beschreibt „mit allen möglichen Bäumen, köstlich zum Anschauen und schön zur Speise, mitten im Garten der Baum des Lebens ...". ▬ Diesem Gedanken folgt der „Schöpfungsgarten", der im Rücken des heutigen ➲ *Lutherarchivs* und in unmittelbarer Nachbarschaft zum wertvollen Welterbe zählenden ➲ *Museum Luthers Geburtshaus* als Station auf dem ➲ *Eisleber Lutherweg* entstand. ▬ Lange war das Grundstück eine Brache. Mit seiner exponierten Lage zwischen Seminarstraße, Böser Sieben und dem Petrikirchplatz schien es jedoch prädestiniert für eine landschaftsarchitektonisch-künstlerische Gestaltung, die so einfach wie genial daherkommt: Der alte Walnuss-

baum in der Mitte einer modellierten Rasenlandschaft bildet das Zentrum eines von Obstbäumen umstandenen Areals. Eingefasst ist der Garten an der Seite zum Bach mit einer offenen Einfriedung aus hellen Betonlamellen sowie zur hinter dem Quartier verlaufenden Gasse mit einer Mauer aus hellgrau-roten Ziegeln – bauliche Zitate, die man beim fast zum Greifen nahen Geburtshaus nahm. ▬ So offenbart der Garten sein schönes Geheimnis gleich aus mehreren möglichen Perspektiven und bietet neben der gewünschten Kontemplation überraschende Ein- und Ausblicke, die ruhiges Wasserplätschern begleitet. So mag der auf den grünen Teppich lagern und über Gott und die Welt sinnieren, wer einer Pause nach einem Gang durch die Lutherstadt bedarf.

5 LUTHERS STERBEHAUS (2013)

Andreaskirchplatz 7
Architekten: VON M, Stuttgart
Ausstellungsgestaltung: neo.studio neumann schneider architekten, Berlin
Bauherr: Stiftung Luthergedenkstätten in Sachsen-Anhalt, Lutherstadt Wittenberg

Es war eine beschwerliche Reise von Wittenberg nach Eisleben im Winter des Jahres 1546. Aufgebrochen war Luther, um – wie schon vorher so oft – in den Erb- und Rechtsstreitigkeiten zwischen den Mansfelder Grafen zu vermitteln. Es sollte seine letzte Reise werden. Der Reformator starb am 18. Februar 1546 in der Stadt seiner Geburt, allerdings nicht, wie später angenommen, im Haus mit der Adresse Andreaskirchplatz 7. Das authentische Sterbehaus lag am Markt 56, einem Haus, wo sich heute das Hotel „Graf von Mansfeld" befindet. ▬ Ein erster Erinnerungsort dort wich Anfang des 18. Jahrhunderts einem drohenden Reliquienkult – und geriet in Vergessenheit. Erst in einer Phase wiedererwachenden Luthergedenkens ließ 1894 der preußische Staat eine Gedenkstätte im als „Sterbehaus" bezeichneten Ort einrichten. Original war hier bis auf das Bahrtuch, das 1546 Luthers Sarg bedeckte, nichts mehr. Die letzten Stunden Luthers hatte 1894 der Kunstgewerbeprofessor Friedrich Wilhelm Wanderer museal inszeniert: ein Sterbezimmer mit historisierenden Nachbauten des Mobiliars und weiterer Einrichtungsgegenstände. ▬ Genau dieses Zimmer, inzwischen selbst Teil der UNESCO-geschützten Lutherstätte, findet sich auch heute dort, allerdings saniert, renoviert, teils rekonstruiert und eingebettet in ein völlig neues Konzept eines „Museums Luthers Sterbehaus", das die Stiftung Luthergedenkstätten in Sachsen-Anhalt mit der Sanierung des alten Hauses samt einer modernen Erweiterung initiierte. Mit Blick auf das anstehende 500. Reformationsjubiläum entstand nach den Entwürfen des 2009 aus einem Architektenwettbewerb als Sieger hervorgegangenen Büros ein „Museumsquartier". Neben dem historischen Haus, das nach wie vor von der Sangerhäuser Straße, sprich vis-a-vis der ➋ *Andreaskirche*, aus zu betreten, aber heute insbesondere als „Mu-

seum seiner selbst" zu verstehen ist, schließt sich eine moderne, aus insgesamt drei Kuben bestehende Bebauung an. Sie ergänzt und schließt den Hof um die alte Eiche und ermöglicht in Achtung gebietender und gefälliger Verbindung von Vorhandenem und Ergänzendem einen Rundgang. ▬ Der beginnt an zentraler Stelle des Neubaus, er beherbergt neben Besucherempfang und Kasse die Garderobe, den Sanitärtrakt und den Aufzug, außerdem einen großzügigen und stützenfreien Raum für Veranstaltungen und Sonderausstellungen. Sehenswert hier: der 74 Quadratmeter große Web-Wandteppich „Luthers letzte Reise", bester Auftakt für die Dauerausstellung „Luthers letzter Weg". Modern und unkonventionell nehmen die Szenografen den Besucher mit auf diese Reise, beleuchten beim Gang durch die aneinandergereihten Kabinette den Einfluss Luthers auf die Sterbekultur, die Auseinandersetzung von Sterben und Tod bis ins Heute und setzen dabei auf Annäherung und Assoziation. ▬ Man muss sich also einlassen, auch auf diesen neuen, klar und großzügig strukturierten Neubau, dessen Dimension sich erst von der rückwärtigen alten Stadtkante und dem hier landschaftsgärtnerisch gestalteten ➔ *Vikariatsgarten* (einem zweiten Zugang ins neue Muse-

umsquartier) aus offenbart. Wasserstrich-Ziegel verleihen der weitgehend geschlossenen, samtgrau-beigen Hausfassade eine ruhige und doch vielbewegte Oberfläche und wecken Neugier auf das Innere dieses neuen außergewöhnlichen Stadtbausteins.

Auszeichnung
ARCHITEKTURPREIS
DES LANDES SACHSEN-ANHALT

13

6 VIKARIATSGARTEN (2013)

Vikariatsgasse am Museum Luthers Sterbehaus
Architekten: hobusch + kuppardt architekten, Leipzig
Ausstellungsgestaltung: dataholic GmbH & Co. KG, Leipzig
Bauherr: Stadtverwaltung Lutherstadt Eisleben, Lutherstadt Eisleben

Einst stand an der Ecke Museums-/Vikariatsgasse das Wohnhaus des Vikars der ➲ *St. Andreaskirche*. Es war ein Gebäude mit bemerkenswerten Details wie etwa das wertvolle, noch vorhandene Renaissanceportal. Über die Zeiten hatten es Brände zerstört, wurde es wiederaufgebaut, war es Brauerei, zuletzt Grafische Werkstatt und verfiel schließlich – bis 1999 das marode Dach in sich zusammenfiel. —— 2008 gründete sich ein Bürgerverein, der den von der IBA Stadtumbau Sachsen-Anhalt 2010 ausgelegten Erzählfaden des ➲ *Eisleber Lutherwegs* durch die Altstadt auf- und sich der Brache annahm. Waren es zunächst nur Ideen, das Areal nach Beräumung von Schutt und wildem Bewuchs kulturell zu nutzen, nahm der Plan mit Kauf des Grundstücks durch die Stadt konkrete Züge an. —— Heute stellt der Vikariatsgarten als öffentlicher Park den gartenseitigen Eingang zum ➲ *Museum Luthers Sterbehaus*. Dessen Hofseite grenzte von je hier an. Für diese Nutzung wurden die ruinösen Fragmente des Vikariats gesichert, das alte Portal samt seiner Ornamentik saniert. Auf der alten Mauerkrone thront heute als zeitgenössische Ergänzung in grauglattem Beton der „Stadtbalkon", eine Treppe führt auf das kleine Plateau. —— Von hier oben ergibt sich ein beeindruckender Blick über die historische Stadtmauer hinweg in die Stadt und die Landschaft, aber vor allem in den Garten, in dem sich Mauerreste und Ruinenteile aus flachem Wiesenwuchs abheben, sich Altes und Neues – etwa für einen herausgehobenen Ort für Museumspädagogik – neu verwebt und einlädt, entlang des geschwungenen Weges gesäumt von „grafischen" Skulpturen, der „Luther Legenden", zu verweilen.

7 STADTTERRASSEN (2010)

Sangerhäuser Straße
Landschaftsarchitekten: lohrer.hochrein landschaftsarchitekten bdla, Magdeburg
Bauherr: Stadtverwaltung Lutherstadt Eisleben, Lutherstadt Eisleben

Das alte Kino in der Sangerhäuser Straße war brach gefallen und schließlich zusammen mit einer Reihe weiterer maroder Gebäude abgerissen worden. Seither klaffte eine große Lücke auf dem topografisch spannenden, weil steil ansteigenden Grundstück am westlichen Rande der Altstadt, über das man schlussendlich zu ➔ *St. Annen* gelangt, der Kirche der Berg- und Hüttenleute in der 1511 von den Mansfelder Grafen gegründeten Eisleber Neustadt. —— Unter „Luther und dem Protestantismus" entwickelte die Stadt im Rahmen ihrer Teilnahme an der IBA Stadtumbau Sachsen-Anhalt 2010 diesen Standort als eine Station auf dem ➔ *Eisleber Lutherweg* und fand eine landschaftsarchitektonische Lösung für das komplizierte Areal. Man wählte einen vage labyrinthischen Ansatz, begleitet von Fragen nach Sinn und Ziel, von Irrungen und Wirrungen und schließlich dem Finden eines „straffen und zielführenden Wegs nach oben". —— Der beginnt am Fuße des Anstiegs in einem im Frühjahr üppig blühenden Kirschhain, führt hinan über eine Stahltreppe in einer klar ablesbaren Fuge, vorbei an einer Rasentribüne und einstigen Gartenterrassen, entlang schrundiger Mauern, die das Überkommene ablesbar lassen, und an Bänken, die immer wieder zum Innehalten, zum Ruhen, Nach- und Überdenken laden – um schließlich oben auf einem Plateau mit bester Aussicht zu enden. —— Von hier ergibt sich ein weiter, frischen Atem holender Blick über die Dächer der alten Bergmannsstadt. So sind die Stadtterrassen in Eisleben auf andere und neue Art ganz großes Kino: An einer schwierigen, auch verkehrsbelasteten Stelle des perforierten Stadtgewebes gelang kleiner, feiner Stadtumbau.

Engere Wahl
10
ARCHITEKTURPREIS
DES LANDES SACHSEN-ANHALT

ARCHITEKTTOUREN°

9 ST. ANDREASKIRCHE

Andreaskirchplatz

Wie kaum ein anderes Bauwerk legt die Kirche St. Andreas Zeugnis von authentischer Reformationsgeschichte ab: Von der bemalten hölzernen „Lutherkanzel" hielt Martin Luther seine letzten vier Predigten, bevor er starb. Hier war er vor seiner Überführung in die Wittenberger Schlosskirche aufgebahrt. Hier wirkte ab 1523 Luthers Freund Caspar Güttel, der „Reformator des Mansfelder Landes", als Prediger und Superintendent der Grafschaft Mansfeld. Und hier befindet sich seit dem frühen 16. Jahrhundert die Grablege des Mansfelder Grafengeschlechts. ── Erstmalig erwähnt wurde der spätromanische Vorgängerbau im Jahr 1180. Nach einem Stadtbrand erhielt das auf einer Anhöhe am Markt gelegene Gotteshaus mit seinem Wiederaufbau 1498 seine stattliche Größe und die spätgotische Prägung mit weiten Bögen, hohen Seitenschiffen und dem Kreuzrippengewölbe im Hauptschiff. Die beiden schlanken, mit Schweifhauben bedachten Westtürme beidseits des Eingangsportals sowie der hohe starke Nordturm prägen unverwechselbar und gemeinsam mit dem davorliegenden Altstädter Rathaus die weithin sichtbare Silhouette der Lutherstadt. ── Die reiche Ausstattung ist Spiegelbild des durch das Bergbau- und Hüttenwesen erlangten Wohlstands und kündet zugleich von den Umbrüchen in Kirche und Gesellschaft: etwa der vorreformatorische, großartige Vierflügelaltar, im Mittelteil die Segnung Maria als Himmelskönigin, oder die Grabtumba für den altgläubigen letzten Mansfelder Grafen Hoyer IV., die Plastik ihm zu Ehren ein Meisterwerk deutscher Renaissance. 1817, zum 300. Reformationsjubiläum, schuf Johann Gottfried Schadow die hier aufgestellten Bronzebüsten Luthers und Melanchthons.

10 ALTER FRIEDHOF (KRONENFRIEDHOF)

Caspar-Güttel-Straße

1527 setzte sich Martin Luther in seiner Schrift „Ob man vor dem Sterben fliehen möge" mit der Begräbniskultur auseinander und empfahl, derlei „draußen vor der Stadt einzurichten" und somit einen „feinen, stillen Ort" zu schaffen, „der von allen anderen … abgesondert ist, wohin man mit Andacht gehen und stehen kann …". ⸺ Infolge der Reformation und in Abkehr der bisherigen Praxis von Friedhöfen in unmittelbarer Nähe der Kirchen entstanden besonders in Mitteldeutschland derartige Friedhofsanlagen. In Eisleben ließen 1533 die Stadtväter nordöstlich und außerhalb der mittelalterlichen Stadt einen solchen, nahezu quadratischen Begräbnisplatz, einen „Gottesacker", einrichten, den sie ab 1538 nach italienischem Vorbild der Campo Santi mit einer überdachten Gruftanlage ausstatteten. Dieses zweiflügelige offene Bahrenhaus wird in Eisleben auch als „Kronenkirche" bezeichnet, da es der Tradition entsprach, über den Erbbegräbnissen sogenannte Grabkronen aus Lorbeer und Myrte aufzuhängen. In der rückwärtigen Sandsteinwand sind bis heute die wertvollen Grabgemälde und Epitaphe aus der Zeit der Renaissance erhalten, unter anderem das Grab des Caspar Güttel, der letzte Prior des ❯ *Augustinerklosters St. Annen*. Er wurde Pfarrer von St. Annen, der ersten Kirche im Mansfelder Land, in der evangelisch gepredigt wurde. ⸺ Der Kronenfriedhof ist neben dem ❯ *Stadtgottesacker* in Halle (Saale) einer der wenigen überkommenen Campo Santi in Deutschland – und heute Park. Bei einem Spaziergang unter alten Bäumen erzählen Grabsteine und ihre Inschriften die Berg- und Hüttengeschichte der einstigen Kupferbergbaumetropole Eisleben. ⸺ Auf dem Friedhofsgelände befinden sich auch die Gedenkstätten für die Opfer der Weltkriege und des „Eisleber Blutsonntags".

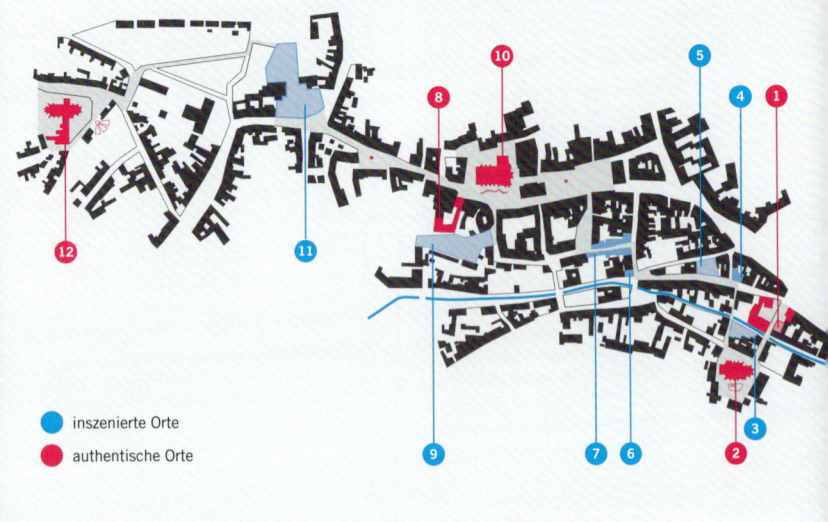

11 EISLEBER LUTHERWEG

1 Luthergeburtshausensemble, **2** Kirche St. Petri-Pauli, Zentrum Taufe, **3** Luther und die Schöpfung, **4** Luther und die Festkultur, **5** Luther und die deutsche Sprache, **6** Luther und die Medienrevolution, **7** Luther und das Fremde, **8** Luthersterbehaus, **9** Luther und die Legenden, **10** Kirche St. Andreas, **11** Luther und der Protestantismus, **12** Kirche und Kloster St. Annen

Flanieren auf den Spuren von Stadtgeschichte und Stadtumbau – das ist die Idee des Eisleber Lutherwegs, gefunden während der Teilnahme der Lutherstadt an der IBA Stadtumbau Sachsen-Anhalt 2010. Das mansfeldische Eisleben steht exemplarisch für die Probleme einer Region, die seit Jahrhunderten ihr Auskommen in Kupferbergbau und -verhüttung fand und nach 1990 insbesondere mit der Schließung der Schächte und massiver Deindustrialisierung einen dramatischen Bevölkerungsrückgang zu verkraften hatte. ▬ Um dem Dauerverfall leerstehender Häuser in einer alten Stadt mit teils herausragenden, zudem UNESCO-geschützten Baudenkmälern zu begegnen, die in unmittelbarem Zusammenhang mit dem großen Sohn der Stadt Martin Luther stehen, begann das „Gemeinschaftswerk Lutherstadtumbau", Grundlage: der „Konzeptionelle Stadtumbauplan mit integrierter Denkmalpflege". Zum zentralen Projekt wurde der

„Lutherweg", seine zwölf Stationen führen heute durch die Altstadt, die „Visitenkarte" Eislebens, und verbindet authentische, überwiegend sanierte und mit moderner Architektur ergänzte Lutherstätten mit originell-künstlerisch oder freiraumplanerisch inszenierten Luther-Lücken. ▬ Seit 2006 sind jeweils am letzten Sonntag im August Eisleber wie Besucher eingeladen, den Lutherweg gemeinsam zu gehen. Ausgangspunkt ist stets der ❯ *Eislebenhof,* vis-a-vis zum Luthergeburtshausensemble gelegen. Lange war der kleine Platz eine unansehnliche Brache. Mit seiner Umgestaltung gelang nicht allein die Überbrückung eines ansteigenden Geländes mit einer Terrassierung. Bäume sind gepflanzt und mit Bänken einladende Verweilplätze geschaffen worden. Eine Tafel gibt den Überblick zum Lutherweg, der übrigens an jedem Tag des Jahres einlädt, seinem schlängelnden Pfad zu folgen.

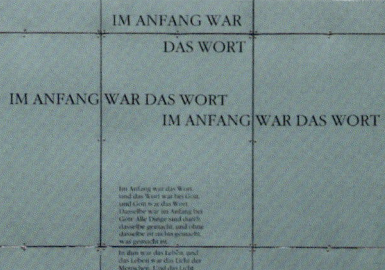

IM ANFANG WAR

DAS WORT

IM ANFANG WAR DAS WORT

IM ANFANG WAR DAS WORT

12 KLOSTER HELFTA

Lindenstraße 36
Sanierungsarchitekten: Maas und Partner Architekten, Münster
Landschaftsarchitekten: DÄRR LANDSCHAFTSARCHITEKTEN, Halle (Saale)
Bauherr: Siedlungswerk St. Gertrud, Magdeburg

Als „Perle und Krone der deutschen Frauenklöster" galt jenes in Helfta zu seinen besten Zeiten. Mechthild von Magdeburg, Mechthild von Hackeborn und Gertrud von Helfta stehen synonym für die deutsche Mystik des Mittelalters. Ursprünglich war das Zisterzienserinnen-Nonnenkloster 1229 von den Mansfelder Grafen gegründet und reich ausgestattet worden, nach mehrmaliger Verlegung kamen die größtenteils adligen Nonnen schließlich ab 1343 in Helfta an. ▬ Mehrfach wurde das Kloster über die Zeiten verwüstet, schließlich 1542 säkularisiert. Besitzer wechselten, Gebäude verfielen. 1712 übernahm der Preußische Staat die Anlage als Domäne, die in der DDR zu einem Volkseigenen Gut deklariert wurde. Dass darin historischer Bestand überhaupt überdauerte, darf als Glücksfall einer unbeabsichtigten Konservierung gelten. Nach der politischen Wende erwarb das Bistum Magdeburg das Areal und wurde Bauherr eines spendengetragenen Wiederaufbaus, auf den 1999 der Wiedereinzug von Zisterzienserinnen folgte. ▬ Die Klosterkirche St. Marien fasst heute einen karg inszenierten Raum innerhalb teils historischer Mauern, er ist von einem von Stahlseilen abgefangenen Dachstuhl überspannt. Aus drei Fragmenten eines 1988 gesprengten Gebäudes entstand die Gertrudkapelle. So gruppieren sich in bester Symbiose von Alt und Neu zudem Herrenhaus, Alten- und Pflegeheim, Gästehaus, Brauerei, Museum und Café sowie das Liboriushaus samt seinem Laden um eine spiegelnde Wasserfläche in der Mitte des Areals, an dessen Ufern man ähnlich wie in dem wiedererweckten Klostergarten und seinem Labyrinth klösterlicher Mystik und Stille nachspüren darf.

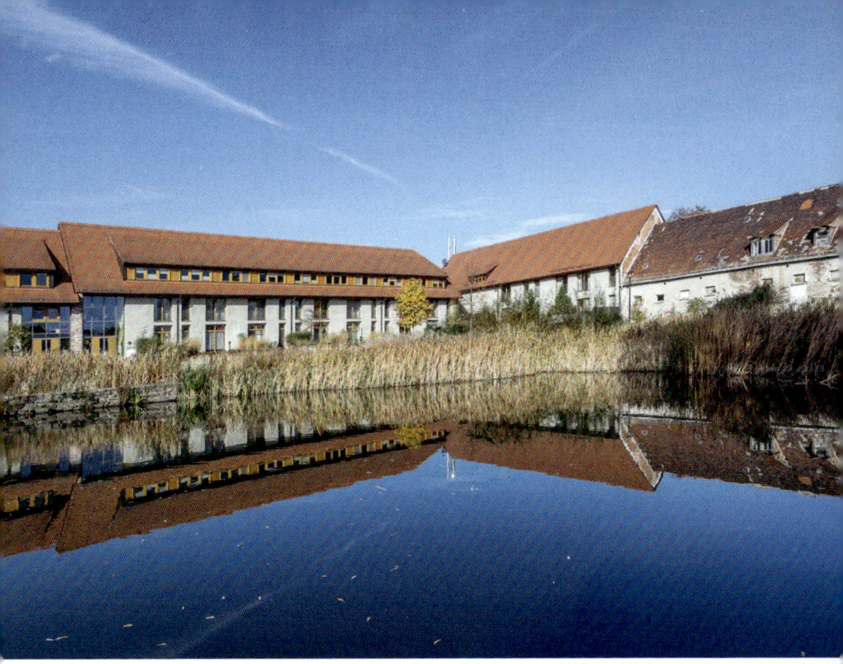

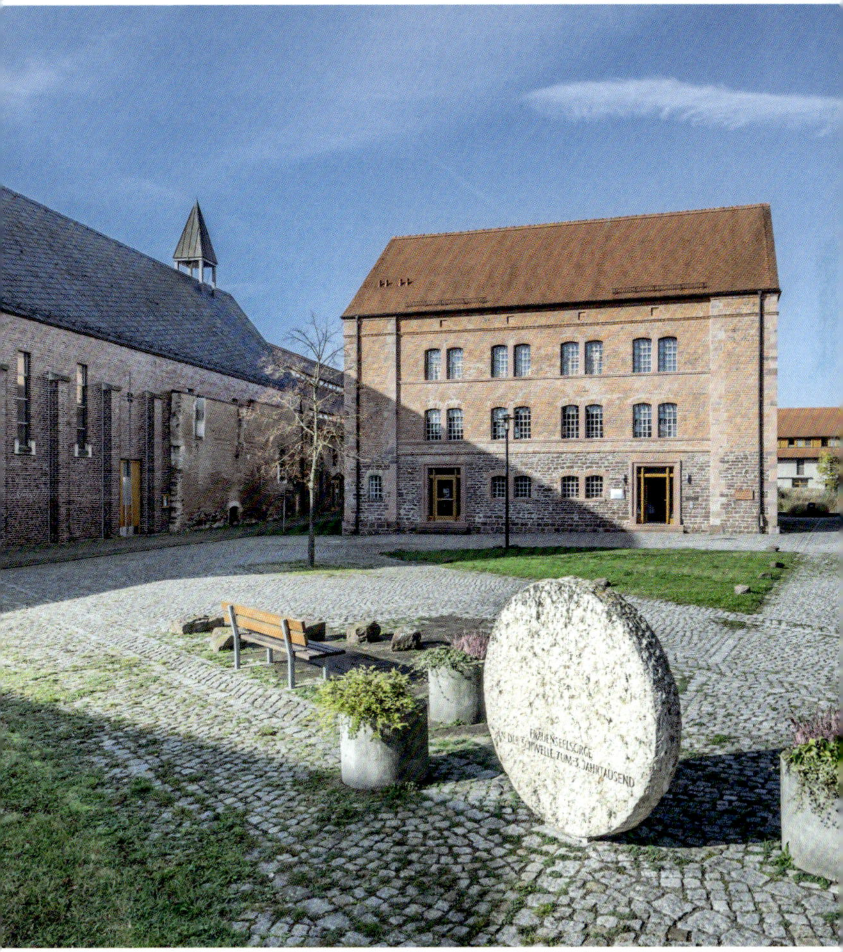

SEHENSWERTES
AUF DEM WEG (AUSWAHL)

SANGERHAUSEN

Evangelische Pfarrkirche
St. Ulrici, Ulrichstraße

Europa-Rosarium
Am Rosengarten 2a

Bankgebäude, heute Volksbank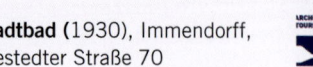
(1930), Leipold, Göpenstraße 35

Stadtbad (1930), Immendorff,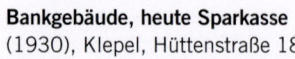
Riestedter Straße 70

Bankgebäude, heute Sparkasse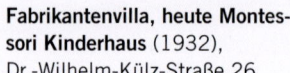
(1930), Klepel, Hüttenstraße 18

Fabrikantenvilla, heute Montes-
sori Kinderhaus (1932),
Dr.-Wilhelm-Külz-Straße 26

Siedlung „Am Bergmann" (1956)
Wolfgang Stier, (Sanierung 2010),
Brambach Architekten GmbH,
Halle (Saale),
Am Bergmann

Bahnhof (1963), EVDR,
F. Pietzsch, K. Seidler,
H. Ulbrich, (Sanierung 2016),
S&P Sahlmann Planungsgesell-
schaft für Bauwesen mbH,
Bahnhofstraße 33a

KELBRA

Königspfalz, Westende der
Ernst-Thälmann-Straße,
OT Tilleda

ALLSTEDT

Burg und Schloss,
Schlossstraße

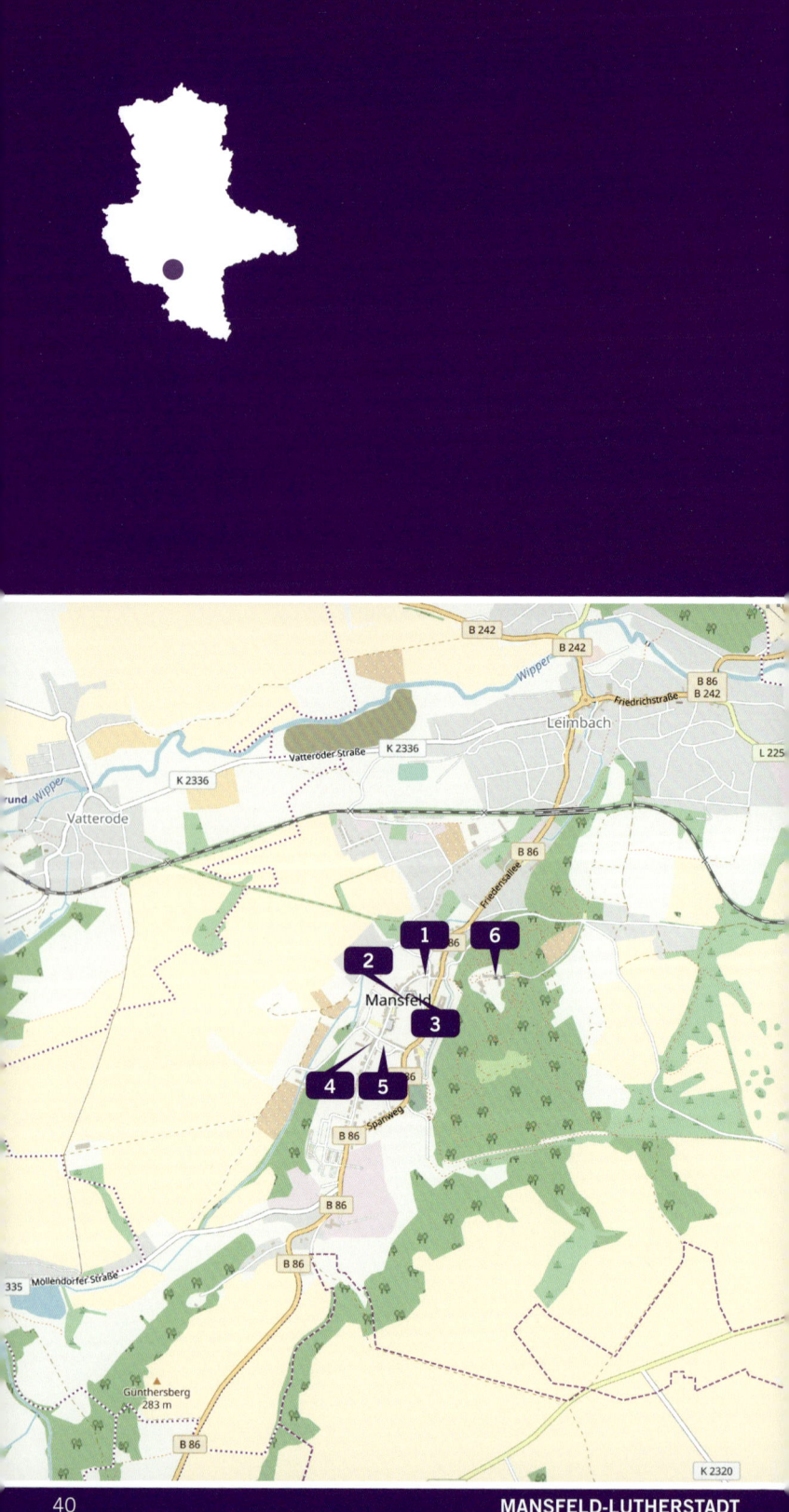

MANSFELD-LUTHERSTADT

MANSFELD-LUTHERSTADT

1 Luthers Elternhaus

2 Stadtkirche St. Georg

3 Lutherschule

4 Altes Rektorat

5 Lutherbrunnen

6 Schloss

Blick vom Schloss

Die Grafen und der Kupferschieferbergbau. Mansfeld ist ohne diese beiden Attribute nicht vorstellbar. In einem malerischen Tal des östlichen Harzvorlandes hatte sich die frühere Siedlung entlang des sich windenden Talbachs entwickelt. 973 erstmals urkundlich erwähnt, erhielt sie 1400 Stadtrechte. Da residierten die Mansfelder Grafen schon in ihrer weithin sichtbaren Anlage von Burg und späterem ➜ *Schloss* auf der steil zum Tal hin abfallenden Hochebene. Dorthin sahen die Mansfelder stets hinauf-, die Grafen hingegen milde hinunter auf „ihre" kleine Stadt, von der sie sich einst den Namen und seit dem 14. Jahrhundert durch die Sicherung der „Bergregalrechte" die Möglichkeit geliehen hatten, durch die Früchte des Bergbaus und der Kupfer- und Silbergewinnung zu Macht und Ansehen zu gelangen. ▬▬ In diese Welt zogen 1484 die Luders mit ihrem nur wenige Monate alten Säugling Martinus. Vater Hans pachtete und betrieb eine Schmelzhütte, war Hüttenmeister und Kaufmann und erarbeitete sich Wohlstand. Er wurde gar Ratsherr in Mansfeld. Und die Familie wuchs. Man kann davon ausgehen, dass diese Zeit im Leben des Martin Luther – wie er sich später (mit den Ereignissen des Oktober 1517 nach

dem griechischen Eleutherius „der Befreite") nennen sollte – fern großer Entbehrungen war. ▬▬ Die Spuren jener 13 Heimatjahre, von denen Luther auch später immer wieder betonte: „Ich bin ein Mansfeldisch Kind", liegen im Städtchen in engem Radius. Da ist das Elternhaus der Luders, besser: der verbliebene Nebenbau eines einst größeren Hofes, heute Teil des ➜ *Museums Luthers Elternhaus*, seit 2014 mit einem modernen Bau auf der gegenüberliegenden Straßenseite kongenial ergänzt. Was im alten Haus wohl einst als Interior (und auch als Spielzeug) gedient haben mag und überraschend bei archäologischen Ausgrabungen als Relikt zutage trat, ist im neuen Haus als Exponat aus- und in den Kontext von Zeit und Ort gestellt, Rückschlüsse auf Alltag und Leben der Familie Luder inklusive. ▬▬ Kaum einen Steinwurf entfernt findet sich der Ort jener Trivialschule, die Martinus im Schatten der unmittelbar daneben liegenden ➜ *Stadtkirche St. Georg* besuchte. Beide, Schule und Kirche, füllten das Leben des Jungen. Auch wenn das Haus der originalen ➜ *Lutherschule* nicht mehr existiert, so führt doch sein Nachbau an selber Stelle heute als Stadtinformation den Besucher in die Lutherstadt ein und macht deutlich,

Museum Luthers Elternhaus

wie nah die Kirche, der in ihr gelebte Glaube sowie christliches Leben dem Kinde Luther war. —— Vermutlich ab 1497 war die Kirche eine Baustelle, die vormalige im romanischen Stil wich einer neuen in stattlicher Spätgotik. Sie ragt bis heute wie eine schützende Glucke aus dem verträumten Mansfelder Häusermeer heraus. —— Geduldig hat das Gotteshaus, das zuletzt in den 1920er-Jahren saniert und um Elemente im Stil der Neuen Sachlichkeit ergänzt worden war, auf die Rettung seiner wertvollen Ausstattungsschätze – und die seiner selbst gewartet. Luther als „Treckejunge", eine moderne Schnitzkunst über dem Nordportal, wirkt dabei wie der krönende Schlussstein einer von der Gemeinde mit Nachdruck verfolgten, erstaunlichen Sanierung.

Fenster Stadtkirche St. Georg

Treckejunge

1 LUTHERS ELTERNHAUS (2014)

Lutherstraße 26
Architekt: Anderhalten Architekten, Berlin
Dauerausstellung: complizen Planungsbüro, Halle (Saale)
Bauherr: Stiftung Luthergedenkstätten in Sachsen-Anhalt, Lutherstadt Wittenberg

Zunächst war es eine bürgergetragene Rettungsaktion, die ab 1885 in die Gründung einer kleinen Sammlung von Dokumenten und Erinnerungsstücken im letzten verbliebenen Drittel des einst stattlichen Anwesens der Familie Luder mündete. Das war in einem eng an die Straße geschmiegten „Nebenbau" des früheren Vierseithofes. Ein „Lutherhausverein" hatte ihn vor dem Abriss bewahrt, der weitaus größere Teil war bereits 1805 abgebrochen worden. Der Verein baute um, gab der Fassade eine steinsichtige Anmut und installierte „im Sinne gelebter Luthererinnerung" eine Diakonissenstation. Im Dachgeschoss wurde ein erster kleiner Ausstellungsraum eingerichtet. Ab 1936 war es offiziell ein „Luthermuseum". ▬ Seit 2007 in Händen der Stadt Mansfeld, konnte es schließlich gemeinsam mit der Stiftung Luthergedenkstätten in Sachsen-Anhalt (seit 2013 in deren alleiniger Obhut) saniert und erweitert werden. Dazu ent-

stand vis-á-vis in der klaffenden Lücke eines bereits 1963 abgerissenen Gasthauses des Museums zweiter Teil: eine moderne und eigenständige Ergänzung mit graublasser Waschbetonfassade, belegt aus Porphyr- und Basaltkieseln der Region. Unter dem geschickt-geknickten Dach wird nunmehr die Geschichte der 13 Jahre „Heimat" in Mansfeld erzählt, als die Martin Luther den kleinen Ort bis zu seinem Ende inniglich empfand. ▬ Während das alte Haus heute eher zu einer bauarchäologischen „Spurenlese" einlädt, dabei die überraschende Begegnung mit früheren Bewohnern medial ermöglicht und nicht zuletzt deren Fest- und Alltagsspeisen auf ein „Tischleindeck-dich" virtuell zu zaubern vermag, werden im passgenauen, neuen Stadtbaustein die greifbaren Ergebnisse der Ausgrabungskampagne von 2003/2004 präsentiert. ▬ Insbesondere in einer hausnahen Abfallgrube hatte man Scherben von Glas und Gebrauchskeramik,

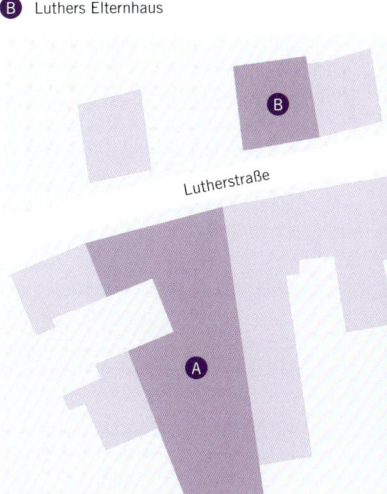

Ofenkacheln, aber auch Tiergebeine frei-
gelegt, die allesamt Rückschlüsse auf
Wohl- und Hausstand wie auch die Spei-
sefolge bei Luthers zulassen. Dass hier
zudem kleine Murmeln aus Ton oder
eben eine kleine Pfeife in Vogelform gefunden wurden, kann als Glücksfall der
Archäologie gelten, immerhin ist vorstellbar, dass es des Martinus Spielzeuge
waren. —— So nimmt die Ausstellungsarchitektur den Ausspruch des großen
Reformators „Ich bin ein Mansfeldisch
Kind" als Auftrag und setzt auf den zwei
Ebenen des neuen Museums die gefun-
denen Stücke gekonnt in den Kontext
der Zeit, die geprägt war von der Herr-
schaft der Mansfelder Grafen, ihrem
stets präsenten Schloss oben auf dem
hohen Berg sowie einem Leben zwischen
Kupferschieferbergbau und Kirche. ——
Der Ort selbst spiegelt sich in dem großflächigen Fenster im Obergeschoss des
neuen, durchaus introvertiert wirkenden
Baus. Ihn könnte man auch als eine be-
gehbare Schatztruhe verstehen, in die
man vom schmalen Gehsteig in den tief
ins Gebäude eingeschnittenen Eingang
hineingesogen werden soll. —— Dass
man zwischen beiden Häusern über die
Straße hinweg zu pendeln hat, mag sich
anfangs ungewohnt angefühlt haben.
Bewiesen aber hat sich: Problemlos

nimmt der kleine wie große Museums-
besucher sein neu erworbenes Wissen
von einem in das andere – und zuletzt
gern mit nach Hause.

ARCHITEKT
TOUREN*

Ⓐ Neubau Museum
Ⓑ Luthers Elternhaus

2 STADTKIRCHE ST. GEORG

Junghuhnstraße
Künstler Fenster Chor: Thomas Kuzio, Sommersdorf, (2015)
Künstler Fenster Grafenloge: Julian Plodek, Leipzig, (2015)
Bildhauer Treckejunge: Marc Fromm, Halle (Saale), (2015)

Auf einer Anhöhe im Mansfelder Tal erhebt sich die Stadtkirche St. Georg in der gefühlten Mitte ihrer alten Stadt. An gleicher Stelle stand einst die Kirche des Kindes Martin Luther, ein zu dessen Ministrantenzeit romanisch geprägtes Gotteshaus. 1497 war wohl Baubeginn für die heutige spätgotische, stattliche Hallenkirche, um 1520 konnte sie vollendet werden. Zeitlebens blieb Luther seiner Heimatkirche verbunden, heute schwebt er in künstlerischer Wiederkehr als „Treckejunge" anmutig über dem Nordportal. ⸻ Zweimal hat er hier auch gepredigt. Das war im Oktober des Jahres 1545, und einiges der reichen Ausstattung stammt aus der Lebenszeit Martin Luthers, so u.a. die drei wertvollen Schnitzaltäre aus vorreformatorischer Zeit, zudem ein spätgotischer Taufstein um 1520. Erst 1617 kamen die Tafeln einer manieristischen Laien-Bibel entlang der Empore hinzu. Sie wurde ebenso Ende der 1920er-Jahre restauriert wie die holzgetäfelte Decke mit ihrem mutig-expressiven Mäandermuster und das Fenster im Chorscheitel, beide gestaltet im Stil der Neuen Sachlichkeit, den der Glas- und Deckenmaler Otto Linnemann einbrachte. Aus selber Zeit stammt die Orgel der Firma Furtwängler & Hammer, Hannover. ⸻ Die Ratsempore, die Patronatsloge, die Grablege der Grafen von Mansfeld-Hinterort, aber insbesondere die wertvollen Gemälde, darunter das einzige Ganzkörperporträt Martin Luthers aus der Wittenberger Cranachwerkstatt, bezeugen in einzigartiger Weise die frühere Bedeutung Mansfelds und seiner Kirche. Die konnte nach langen Jahren vergeblichen Wartens nun umfassend saniert werden. Sponsoren-, Förder- und eigene Mittel ermöglichten der Kirchengemeinde die Erneuerung von Dach, Fassade und die des bedrohten Innenraums, unter anderem mit neuen, künstlerisch gestalteten Fenstern im Chor und in der Grafenloge.

LUTHERSCHULE, ALTES REKTORAT, LUTHERBRUNNEN

3 LUTHERSCHULE, Junghuhnstraße 2
4 ALTES REKTORAT, Lutherstraße 8
5 LUTHERBRUNNEN, Lutherplatz

Die Lutherschule kann man in Mansfeld suchen und gleich zweimal finden, es ist ein kleines Verwirrspiel zwischen zwei Häusern gleichen Namens im nahen Umkreis der St. Georg-Kirche. Jedoch nur an einem der Orte hat der Reformator tatsächlich die Schulbank gedrückt. ▬ Martin Luther lernte wohl seit dem Frühjahr 1491 (andere sprechen von 1488) an der Mansfelder Lateinschule bis zu seinem Weggang 1497. Er war dreizehn, als er nach Magdeburg an die Domschule der „Brüder vom gemeinsamen Leben" ging. Das heutige zweigeschossige Gebäude mit Dacherker, im Schatten von St. Georg in der engen Junghuhnstraße 2 gelegen, gilt gemeinhin als „Lutherschule", ist jedoch ein Neubau auf mittelalterlichen Grundmauern aus dem Jahr 2000 für die Tourist-Information der Stadt. Luthers originale Schule ist, so heißt es, bereits 30 Jahre nach seinem Schulbesuch „verlorengegangen". Denn schon seit Ende des 15. Jahrhunderts war das Lutherische Schulhaus in der durch den rentablen Abbau des Kupferschiefers prosperierenden Stadt aufgegeben und ein neues, größeres in der heutigen Lutherstraße 8 erbaut worden. Diese Stadtschule, das sogenannte Rektorat, mit renaissancegeprägten Sitznischenportalen und einem Rundbogentor von 1610, ist heute Ausstellungshaus. Bereits seit 1839 trägt es auf königlichen Erlass Wilhelm III. den Ehrennamen „Lutherschule". Bemerkenswert: ein Relief mit lateinischer Inschrift über dem mächtigen Torbogen. Es zeigt den drachentötenden heiligen Georg, den Schutzpatron der Grafschaft Mansfeld. Der Stein ist eine Kopie, das Original von 1650 befindet sich in der Mansfelder Schlosskirche. Gegenüber plätschert seit 1913 der Lutherbrunnen (Bildhauer: Paul Juckoff), an dem auf einem der drei Reliefbilder das Kind Martin Luther mit Wanderstock und Schülerhut plastisch „Hinaus in die Welt" zu treten scheint.

6 SCHLOSS

Schloss Mansfeld 1

Wie kein anderes Bauwerk spiegelt das Schloss in Mansfeld Geschichte, Geschick und Schicksal eines Adelsgeschlechts, dessen Name sich seit etwa 1260 unmittelbar auf das sie umgebende Land bezieht. Mit den reichen Erträgen aus dem Kupferschieferbergbau waren die Mansfelder Grafen zu Geld, Ansehen und Einfluss gekommen, Erbteilung und innerfamiliäre Streitigkeiten führten jedoch ab 1570 zu ihrem Niedergang. ▬ Die Lagegunst auf der Hochebene hatten bereits die Erbauer der vormaligen Burg aus dem wohl 11. Jahrhundert gesehen. Als eines „der frühesten und größten Renaissanceschlösser in Deutschland"[1] galt späterhin das Schloss Vorderort des katholischen Grafen Hoyer VI. gemeinsam mit denen seiner Cousins – den evangelischen Grafen Gebhardt VII. und Albrecht VII. von Mittelort und Hinterort. Alle drei Schlösser waren ab 1501 mit der Erbteilung um den unregelmäßig-fünfeckigen Hof

gewachsen. Die Gesamtanlage überzog einst eine rechteckig-verzogene Fläche, die von einer Befestigung umgürtet war. Sie glich damit einem „bastionierten Schloss"[2]. ▬ So hielt es den Belagerungen im Dreißigjährigen Krieg tapfer stand, bis es 1639 schließlich doch an die Schweden fiel. 1674/75 wurde die Festung geschleift, hatte man die Schlösser aufgegeben. ▬ Nach dem Aussterben der Mansfelder Grafen 1780 wechselten private Besitzer. Letzter Bewohner war von 1859 bis 1945 Freiherr Carl Adolph von der Recke, der für sich und seine Familie aus Schloss Vorderort ein repräsentatives Wohnhaus gestaltete. Das Gebäude zeigt sich daher heute, insbesondere auf der zur Stadt Mansfeld hin orientierten Seite, in einer bis 1862 geschaffenen neugotischen Fassung. Den Hof hingegen beherrscht der französisch wirkende spätgotische Treppenturm, über dessen Portal eine Wappentafel des Grafen Hoyer von 1518 prangt.

——— Ältester und erhaltener Teil der Burg- und Schlossanlage ist die Anfang des 15. Jahrhunderts im Stil der Spätgotik erbaute und im 16. Jahrhundert neu ausgestattete Schlosskirche St. Georg und Marien. Farbige Kreuzrippengewölbe, schmale Steinemporen an drei Seiten sowie der prunkvolle Metalllettner – ein Gitter mit Frührenaissancebekrönung und filigranem Kanzelkorb von 1520 – prägen das Haus neben dem farbigen Flügelaltar von 1526, eine Arbeit von Hans Döring aus dem Umkreis Lucas Cranach d. Ä. Eine 2016 abgeschlossene denkmalgerecht-feinsinnige Sanierung brachte der Kirche ihre eigene erhabene Schönheit und damit jene Aura zurück, in der 1541 Martin Luther predigte. ——— Mehrfach ist Luthers Anwesenheit auf Schloss Mansfeld belegt. Insbesondere war er als theologischer und gesellschaftlicher Berater Graf Albrecht verbunden, der die Reformation in seiner Grafschaft einführte. Luther vermittelte zudem in den immerwährenden Familienstreitigkeiten, kritisierte aber auch harsch ihre fürstliche Hofhaltung, was fast zum Bruch geführt hätte. ——— Als „Luther-Traditionsstätte" war ab 1947 das Schloss der evangelischen Kirche – mit kurzzeitiger Unterbrechung 1953 – zur Nutzung übergeben. 1997

gründete sich angesichts des dringenden Handlungsbedarfs am historisch wertvollen, über die Jahrhunderte gewachsenen Bauensemble ein Förderverein Schloss Mansfeld e. V., der sich seit 1999 als Eigentümer und Träger dem Erhalt und Ausbau des Schlosses zu einer modernen „Christlichen Jugendbildungs- und Begegnungsstätte Schloss Mansfeld" verpflichtet sieht.

SEHENSWERTES
AUF DEM WEG (AUSWAHL)

MANSFELD-LUTHERSTADT

Hasselbach-Viadukt

KLOSTERMANSFELD

Benediktinerkloster Mariae Himmelfahrt, Kirchstraße 3

BALLENSTEDT

Benediktinerkloster St. Pankratius und Abundus, Schlossplatz 3

Schloss und Schlosspark, Schlossplatz

Roseburg, Roseburg 1, OT Rieder

FALKENSTEIN/HARZ

Burg, Burg Falkenstein 1, OT Pansfelde

Konradsburg/Klosterkirche St. Sixtus, Konradsburg 2, OT Ermsleben

Landschaftspark Degenershausen, Degenershausen 8

STADT SEELAND

Stiftskirche St. Cyriakus, Vor der See 402, OT Frose

ASCHERSLEBEN

Gärten und Parks

Gartenstadt Johannishof (ab 1919), Hans Heckner, zwischen Klopstockstraße und Heinrich-Heine-Straße

Erweiterung des Rathauses und Neubau Sparkasse (1935), Hans Heckner, Markt 27–29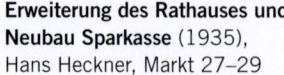

Invalidenheim der Landesversicherungsanstalt Sachsen-Anhalt (1929), heute Senioren-Wohnpark, Hans Heckner, Askanierstraße 40

Rohrleitungswerk der Firma Thieme (1925/1938), heute Bauwirtschaftshof, Hans Heckner, Heinrichstraße 71

Turnhalle (1929), Hans Heckner, Staßfurter Höhe 30

Betriebszentrale des Konsumvereins Aschersleben und Umgebung (1928), Rudolf Schröder, Weststraße 14–20

Kino (1930), Carl Fugmann, Markt 20

Bestehornfabrik (1911), heute Bildungszentrum, Hans Heckner in Zusammenarbeit mit Paul Ranft, Umbau und Erweiterung (2010): Lederer + Ragnarsdóttir + Oei, Wilhelmstraße 21–23

SÜDHARZ

Schloss und Schlossgärten, Schlossberg 1, OT Stadt Stolberg

BENNDORF

Mansfelder Bergwerksbahn, Wipperliese, Bahnhof Klostermansfeld

---

HETTSTEDT

Eisenbahnbrücke Schmalzgrundviadukt

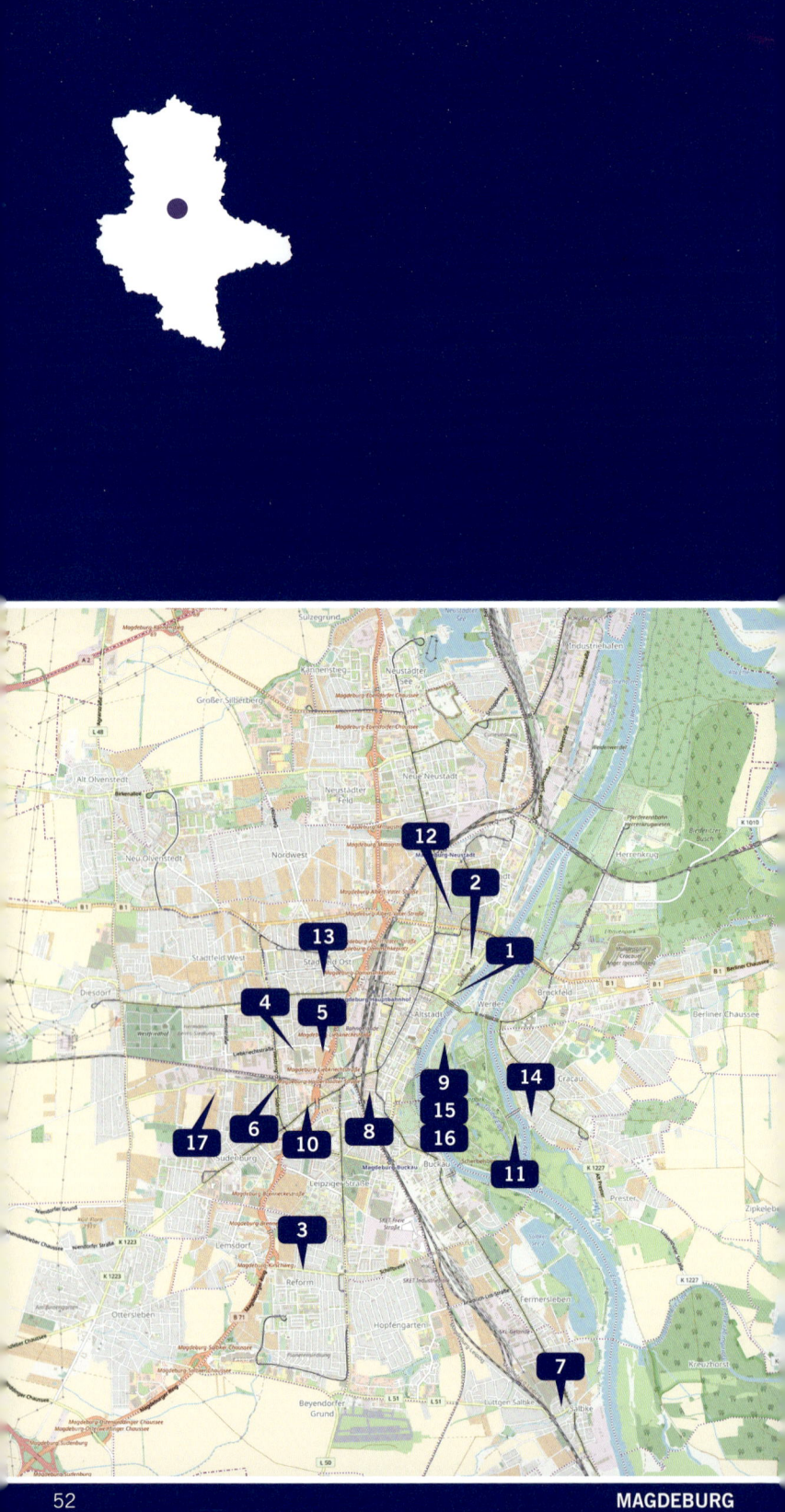

MAGDEBURG

Dom St. Mauritius und St. Katharina

Mindestens zwei Reformen haben der Stadt an der Elbe einen Eintrag in die Weltgeschichte eingebracht, wenn man sie als eine „Umgestaltung bestehender Verhältnisse, Systeme, Ideologien oder Glaubenslehren in Politik, Religion, Wirtschaft oder Gesellschaft"[3] denkt: Zum einen im Zusammenhang mit Martin Luthers Forderungen nach Reformen in der Kirche und Magdeburgs Mut zur Glaubensfreiheit zu jener Zeit. Zum anderen mit dem Neuen Bauen als architektonische Reformbewegung, die sich in Deutschland ab dem Ersten Weltkrieg vom Stil des Historismus im 19. Jahrhundert loszulösen und Architektur mit stark funktionalem Charakter zu formen suchte. Magdeburg wurde hier Vorreiter: als „Stadt des Neuen Bauwillens". Beide Entwicklungen haben im Stadtbild bemerkenswerte und wichtige bauliche Spuren hinterlassen, die trotz massiver und teils mehrfacher Kriegszerstörung bewahrt und in der Gegenwart lesbar geblieben sind. Teils rekonstruiert, vielfach saniert, modernisiert und/oder für neue Nutzungen modern ergänzt erzählen diese Gebäude im Heute von der wechselhaften Geschichte einer bewegten Stadt. —— Es sind Wegmarken Magdeburger Reformationsgeschichte: Der junge Martin Luther besucht hier 1497/98 die Domschule der „Brüder vom gemeinsamen Leben". Zwanzig Jahre später ist Johann Tetzel als Generalsubkommissar in den Bistümern Halberstadt und Magdeburg unterwegs, um im Auftrag des Erzbischofs und Kardinals Albrecht von Brandenburg den scharlatanischen Ablasshandel von Sünden gegen Geld zu betreiben. Als die antiklerikale Stimmung in der Stadt ihren Höhepunkt erreicht, predigt 1524 der inzwischen hochberühmte Reformator Martin Luther in der Magdeburger Johanniskirche. Und die Bürger folgen ihm. —— Magdeburg wird in jener Zeit zum Zentrum des Widerstands gegen die Rekatholisierung. Gerät 1547 unter Reichsacht. Widersetzt sich 1548 der Anerkennung des Augsburger Interims. Wird als „Wehrstadt des Protestantismus" zur Zufluchtsstätte für Glaubensflüchtlinge, wird mit ihren Flugschriften und als bedeutender Buchdruckerort zur weltbekannten „Unser Herrgotts Kanzlei". Und zahlt im Dreißigjährigen Krieg den höchsten Preis: als im Mai 1631 die kaiserlichen Truppen unter Feldherr Tilly in die Handelsmetropole eindrangen, sie niederwarf und weitgehend auslöschte. „Die Hoffart Magdeburgs ist, Gott sey ewog gelobt, gedempft ...", ließ Tilly verlauten, Papst Urban VIII. freute

Otto-Richter-Straße

sich über die „Vernichtung des Ketzer-
nestes". Da waren von den einst 30.000
Seelen nurmehr 447 übrig und das
Schreckenswort „magdeburgisieren" in
der Welt. ⸻ Vor allem deshalb, aber
auch durch die 300 Jahre später wie-
derholte Zerstörung durch die alliierten
Bomberverbände gegen Ende des Zweiten Weltkriegs, insbesondere am Abend
des 16. Januar 1945, ist vom alten
Magdeburg nur wenig erhalten. Schauplätze der Reformation finden sich dennoch: die ➲ Johanniskirche, wenngleich
ein Wiederaufbau der gotischen, nicht
von Luther betretenen Kirche. Und die
➲ Wallonerkirche, die man einst dem
Heiligen Augustinus weihte und Teil jenes Klosters war, das Luther seinerzeit
als Distriktsvikar besuchte und hier wohl
auch genächtigt hat. Die Wiederaufer-
stehung der Johanniskirche nach der
politischen Wende als moderner städtischer Veranstaltungsort und die Ergänzung der Wallonerkirche um ein Gemeindehaus im mutigen „Haus-im-
Haus-Prinzip" sind beredetes Abbild der
Suche nach neuen baulichen wie architektonischen Formen bei der Neu- bzw.
Umnutzung historischer Bauten im Heute: ein Weiterbauen in der Tradition der
Moderne. ⸻ Die Suche nach neuen
Bauformen trieb auch den Architektur-

Avantgardisten ➲ Bruno Taut um, der
sich ab 1913 in Magdeburg mit der
Gartenstadt-Kolonie Reform einen Namen gemacht hatte. Als Stadtbaurat ab
1921 scharrte er in der Bauverwaltung
eine Gemeinschaft Gleichgesinnter um
sich, darunter ➲ Carl Krayl, ➲ Johannes Göderitz, ➲ Konrad Rühl, Gerhard
Gauger, Willy Zabel, Fritz Kneller, – eine
geschichtlich seltene und schöpferische
Konstellation kreativer Geister, deren
Ideen auf politisch fruchtbarem Boden
gediehen: einer sozialdemokratisch regierten und aufstrebenden „Roten
Stadt" mit ihrem Oberbürgermeister
Hermann Beims an der Spitze. Der setzte auf Taut und dessen Generalsied-
lungsplan und hätte wohl auch gern
bereits 1919 das aus Weimar dem politischen Druck weichende Bauhaus Walter Gropius' nach Magdeburg geholt.
Dessen Wahl fiel zwar auf Dessau, aber
es war Magdeburg, das ab 1923 unter
dem zunächst kommissarisch eingesetzten Stadtbaurat Göderitz zur „Stadt des
Neuen Bauwillens" avancierte. Da hatte
Taut der Elbestadt bereits den Eintrag
als das „Bunte Magdeburg" in die Ge-
schichtsbücher verschafft. Die Otto-
Richter-Straße mit ihrer wiederhergestellten Blitzfassade erinnert exemplarisch an die Zeit, da Hausfassaden in

Hermann-Beims-Siedlung

der Elbestadt mit der Wucht eines ungebremsten, expressiv geprägten Aufbruchsgeistes mittels schriller Farben und Muster in Kunstwerke verwandelt wurden. ——— Die Reformbewegung manifestierte sich insbesondere in einem in großem Maßstab geförderten und rationalisierten Wohnungs- und Siedlungsbau in einer Stadt, die unter dem Heer Wohnungssuchender zu ersticken drohte. Bereits seit Mitte des 19. Jahrhunderts wuchs Magdeburg kontinuierlich und rasant zu einer pulsierenden Industriestadt: Hermann Gruson, Rudolf Ernst Wolf sowie Schäffer & Budenberg stehen für die Schwerindustrie oder Constantin Fahlberg für die erste Saccharinfabrik der Welt. Voraussetzung für diese Entwicklung waren unter anderem ein bestens ausgebautes Schienennetz und ein wachsender Handelshafen in der Mitte Deutschlands. Magdeburgs Großindustrielle hatten zudem wirtschaftlich vom Ersten Weltkrieg profitiert, und der günstig gelegene Industriestandort boomte weiter. ——— Die Vielzahl der ab der Mitte der 1920er-Jahre gebauten Siedlungen in Stadterweiterungsgebieten folgen gestalterisch als auch funktional mit „Licht, Luft und Sonne" völlig neuen Maßstäben im sozialen Wohnungsbau, der den zeitgleich oder nach

folgend errichteten und meist bekannteren Siedlungen in Berlin, Frankfurt (Main) oder Hamburg weder in Umfang noch Vielfalt in nichts nachstehen. Da sind u.a. die Hermann-Beims-Siedlung (Konrad Rühl u.a.), der Schneidersgarten oder die Anger-Siedlung (beide Carl Krayl mit Maximilian Worm) oder die Siedlung Fermersleben, die Curie-Siedlung und die Siedlung Cracau (alle Carl Krayl mit Paul Wahlmann). Hier von Magdeburg gingen Impulse für eine neue, sozial orientierte Stadt im Zusammenspiel von Architektur, Kunst, Design und sozialer Verantwortung aus.[4] ——— Im Architekturstil dieser neuen Zeit wurde darüber hinaus die wachsende Stadt mit einer schier unübersehbaren Zahl an öffentlichen Gebäuden ausgestattet: Das waren Verwaltungen, Krankenhäuser, Volksbäder, Schulen und Bauten für das erweiterte Strom- und Gasnetz oder Hallen für den Städtischen Schlachthof, aber auch Stadtmobiliar wie zum Beispiel expressiv gestaltete Kioske. ——— Und Magdeburg profilierte sich zur Ausstellungsstadt. ➔ *Albinmüller* konzipierte (in künstlerischer Oberleitung und in Nachfolge Wilhelm Deffkes, der seit 1925 Direktor der renommierten Kunstgewerbe- und Handwerkerschule gewesen war) die Anlage für die Deutsche

Pferdetor

Lichtstele

Theaterausstellung 1927 mit einem die Stadt als Landmarke überragenden Aussichtsturm auf der Rotehorninsel. Johannes Göderitz erbaute daneben und in Rekordzeit die großartige Stadthalle, ein Prestigebau der Sozialdemokraten, die hier zudem ihren reichsweiten Parteitag im Mai 1929 abhielten. Mit beiden verfügt die Elbestadt heute über herausragende Architektur-Ikonen, die seinerzeit Bauhaus-Künstler wie etwa Xanti (Alexander) Schawinsky, ab 1929 als Leiter der Grafikabteilung des damaligen Magdeburger Hochbauamtes, medienwirksam fotografisch und grafisch festzuhalten angetreten waren.

1 JOHANNISKIRCHE (1999)

Johannisbergstraße
Sanierungsarchitekten: Planungsgemeinschaft Johanniskirche: Architekturbüro Dr. Walter Brezinski, Architekturbüro Manfred Discher, Architekturbüro Rolf Onnen, Magdeburg
Bauherr: Landeshauptstadt Magdeburg

Jahre schon schwelte der Glaubenskrieg in der Stadt, viele bekannten sich mittlerweile offen zur lutherischen Lehre. Es war Bürgermeister Nicolaus Sturm, der den Reformator nach Magdeburg rief, er kannte Martin Luther aus gemeinsamer Schulzeit. Luthers Predigt von der „wahren und falschen Gerechtigkeit" am 26. Juni 1524 in der Johanniskirche wurde zum Fanal. Die Resonanz war überwältigend, die Reformation „von unten" eingeleitet. —— Ebenso wie die Johanniskirche die einstige Bedeutung der Stadt als Hochburg des deutschen Protestantismus widerspiegelt, ist sie Zeugin ihrer Zerstörungen. Einst 941 als Pfarrkirche von König Otto I. dem Moritzkloster übereignet, waren es Brände und verheerende Kriege, in deren Folge das Gotteshaus mehrfach und den Wirren der Zeiten trotzend immer wieder und zuletzt 1669 nach gut drei Jahrzehnten als Ruine im gotischen Stil wiederaufgebaut worden war. Am 16. Januar 1945 wurde dieser Bau von den Alliierten schwer getroffen und blieb lange Jahre Mahnmal für die Opfer des Krieges: in der Mitte der Trümmer die „Trauernde Magdeburg", ein Nachguss von 1906 aus der Figurengruppe des Wormser Lutherdenkmals (Ernst Rietschel, Adolf Donndorf). —— Erst nach 1990 begann unter Federführung eines Kuratoriums ein Wiederaufbau samt Dacherneuerung und Sanierung der Türme. Die Johanniskirche wurde zum neuen kulturellen Veranstaltungsort der Stadt. Im Innern gelang dafür eine Symbiose von Alt und Neu für einen großen Konzertsaal sowie ein seitlich eingeschobenes, regalähnliches Bauteil, das über drei Geschosse Platz für kleinere Veranstaltungen und Büros bietet. Ein rücksichtsvoll-funktionaler Quader am Nordseitenschiff erschließt heute das Haus.

2 GEMEINDEHAUS IN DER WALLONERKIRCHE (2015)

Neustädter Straße 6
Architekten: Steinblock Architekten GmbH, Magdeburg
Bauherr: Evangelisch-reformierte Gemeinde Magdeburg, Magdeburg

Der Name „Wallonerkirche" verweist auf ihre „jüngere" Geschichte, davor war sie Teil eines 1285 gegründeten Augustinerklosters, jenem Bettelorden, dem Martin Luther angehörte und mit dessen Namen sich in Magdeburg zwei Jahreszahlen verbinden: 1516 und 1524. Das erste, vorreformatorische Datum bezieht sich auf einen kurzen Besuch Luthers als Distriktvikar der sächsisch-thüringischen Augustinereremiten. Das andere auf seine berühmte Predigt in der Johanniskirche am 26. Juni, die er zwei Tage zuvor schon hier gehalten hatte und die, so ist es überliefert, die Einführung der Reformation in Magdeburg markiert. ▬ Die ursprüngliche Kirche St. Augustini war 1366 vollendet und geweiht worden. Mit der Reformation verließen die Mönche Magdeburg, der klösterliche Studienort wurde 1524 zum altstädtischen Gymnasium, war später Hospital und Waisenhaus, schließlich mit der Zerstörung Magdeburgs im Dreißigjährigen Krieg Ruine. Die wurde 1689 zur neuen Heimat von Glaubensflüchtlingen, unter anderem aus der Wallonie, nach der man sie benannte. ▬ Der im Zweiten Weltkrieg schwer zerstörte und in den 1960er-Jahren reduziert wiederaufgebaute turmlose Sakralbau war weitgehend leer, als der heutige Nutzer, die Evangelisch-reformierte Gemeinde, 2015 mutig beschloss, ein neues Gemeindehaus unter dem schützenden Dach des alten Gotteshauses zu bauen. Seither bildet ein zweigeschossiger, leichter, aus sich heraus leuchtender Gebäudequader zwischen den trutzig starken Stützen des Hallenschiffs die neue Mitte von Kirche und Gemeinde mit Platz für einen kleinen Saal, für Gottesdienste sowie für Gemeinde- und Pfarrbüro. Eine geglückte Rückkehr zu den Wurzeln.

BRUNO TAUT (1880–1930)

3 GARTENSTADT-KOLONIE REFORM (1911–1933), Bunter Weg, Lilienweg u.a.
4 HALLE „STADT UND LAND" (1922), Klaus-Miesner-Platz 2

1921 bis 1924: Es waren nur drei Jahre, in denen der „Künstler unter den deutschen Architekten"[5] Bruno Taut als Magdeburger Stadtbaurat die städtebaulichen Geschicke der Stadt an der Elbe unter der Ägide des sozialdemokratischen Oberbürgermeisters Hermann Beims leiten und lenken sollte. Doch während dieser Zeit stellten sich die Weichen für alles Kommende. —— Taut hatte zunächst angestellt gearbeitet, ehe er 1909 gemeinsam mit Franz Hoffmann das Architekturbüro „Taut & Hoffmann" gründete, in das auch sein jüngerer Bruder Max einstieg. Ab 1913 kamen die großen Aufträge, darunter jener für die bis heute weitbekannte Magdeburger „Gartenstadt-Kolonie Reform". Bereits seit 1911 waren hier die ersten vier Häusergruppen nach den Plänen von A. Glimm errichtet worden. Taut baute die Siedlung mit Licht, Luft und Sonne in von Nord nach Süd ausgerichteten Reihenhäusern weiter, lebensbejahend bunt waren Fassaden, Türen, Fensterrahmen. —— Reform hatte in Magdeburg für Furore gesorgt. Die rasant wachsende Stadt rief nach sozial verträglichem Wohnungsbau für den ungebremsten Zustrom von Industriearbeitern – Grund für Beims, den „Siedlungsarchitekten" Taut als Stadtbaurat zu berufen. In erster Linie ging es um die Aufstellung eines Generalsiedlungsplans, dem Taut neue Gesichtspunkte des Siedlungswesens zugrunde legte und der sich auch späterhin wegweisend zeigen sollte. Zudem reorganisierte er das Hochbauamt und holte Architekturavantgardisten wie ➲ *Carl Krayl* und ➲ *Johannes Göderitz* in sein Team. Seine von den Bürgern nicht unumstrittene Idee von einer „Bunten Stadt Magdeburg", die korrespondierend zur 1922 ausgerichteten „Mitteldeutschen Ausstellung Magdeburg" MIAMA 80 Fassaden der Innenstadt teils expressiv und starkfarbig werden ließ, entsprach Tauts Auffassung: „Die Farbe soll den Bauten ihren Charakter zurückgeben."[6] Bis auf die von Carl Krayl entworfene und wiederhergestellte „Blitzfassade" in der Otto-Richter-Straße sind alle Fassadenbilder jener Zeit verschwunden. Das Image Magdeburgs als „Bunte Stadt" wirkt indes bis heute.

— Die MIAMA war für Magdeburgs Profilierung zu einer Ausstellungsstadt ein großer Erfolg. Tauts einziges dafür in der Stadt umgesetztes Einzelbauwerk (mit Johannes Göderitz) ist die 1922 in Stahlbeton-Skelettbauweise gefertigte Viehmarkt- und Ausstellungshalle „Stadt und Land", die als erstes kommunales Bauwerk nach dem Ersten Weltkrieg gilt. Acht Bogenbinder überspannen die 35 Meter Hallenfläche gewölbegleich, durch Querverstrebungen ergab sich die Anmutung einer Kassettendecke mit einem durchgehenden Oberlicht im Scheitel. Später teils umgebaut wurde sie zur legendären Sporthalle „Hermann Gieseler".

— Tauts Erbe mag landläufig in der Erinnerung an seine farbigen Utopien leben. In Wahrheit aber erzählt jede weitere bis zum Beginn seines Exils 1932 (mit)gebaute Siedlung – darunter die „Hufeisensiedlung" in Berlin-Britz – seit 2002 UNESCO-Welterbe – oder „Onkel Toms Hütte" in Berlin-Zehlendorf – von einer von ihm maßgeblich begründeten und geprägten Zeit eines Neuen Bauwillens und einer neuen Baukultur, die bis in unsere Gegenwart wirkt.

JOHANNES GÖDERITZ (1888–1978)

5 RINDERMARKT-/SCHWEINEMARKTHALLE (1924/1926), Liebknechtstraße
6 WILHELMSTADT-SCHULE – ERWEITERUNG (1928), Westring 26–32
7 VOLKSBAD SÜDOST (1926), Gröninger Straße 2–3
8 UMSPANNWERK (1926), Porsestraße 4
9 STADTHALLE (1927), Heinrich-Heine-Platz 1

Magdeburgs avantgardistische Rolle in Sachen Architektur und Städtebau im Deutschland der Weimarer Republik ist bis zur Machtübernahme der Nationalsozialisten 1933 ohne das Wirken eines Johannes Göderitz nicht denkbar. Göderitz hatte zunächst als Assistent ➔ *Bruno Tauts* zum Stab jener visionären Städtebauer und Architekten gehört, die der zwar noch unerfahrene, aber von unkonventionellen Ideen sprühende Stadtbaurat nach Magdeburg geholt hatte.

Nach dessen vorzeitigem Rückzug war Göderitz 1923 zunächst kommissarisch und ab 1927 gewählt in dieser Position. Er führte Magdeburg überzeugend weiter auf ihrem Weg zu einer „Stadt des Neuen Bauwillens", als die sie in die Architekturgeschichte eingehen sollte. Es ist ein Begriff, den er 1927 mit einer wegweisenden Publikation prägte. —— Der neue Stadtbaurat strukturierte die Hochbauverwaltung um, ➔ *Konrad Rühls*

Städtebauabteilung war nun direkt seiner Zuständigkeit unterstellt. In Verantwortung für die Stadtplanung und -erweiterung lenkte Göderitz sämtliche kommunalen Bauplanungen in einer Zeit, da Magdeburg bereits seit der Mitte des 19. Jahrhunderts durch eine sagenhafte Industrialisierung zum stärksten Wirtschaftszentrum des nördlichen Mitteldeutschlands herangewachsen war. Ausstellungs-, Industrie- und Verwaltungsbauten entstanden, Krankenhäuser, Volksbäder, Schulen und Bauten für die Erweiterung der öffentlichen Versorgung, etwa für das Strom- und Gasnetz, wurden errichtet, der Städtische Schlachthof erweitert, der soziale Wohnungs- und Siedlungsbau, beispielsweise die Siedlung Cracau (gemeinsam mit ➔ *Carl Krayl* und Paul Wahlmann) oder die Hermann-Beims-Siedlung (1926 bis 1929, u.a. Konrad Rühl) vorangetrieben. Göderitz mischte mit, seine Handschrift ist bis heute überall dort ablesbar, wo

Neues aus dem Boden wuchs. ——— Und er entwarf unermüdlich selbst. Hatte er 1922 mit Bruno Taut die Halle „Stadt und Land" für die Mitteldeutsche Ausstellung MIAMA verwirklicht, wurden jetzt nur einen Steinwurf entfernt hochfunktionale, wegweisende Bauten zur Erweiterung des Städtischen Schlacht- und Viehhofs in modernem Stahlbeton und ledergelben Ziegeln errichtet: 1924 der konsequent in seiner Architektur den inneren Prozessen folgende Bau des Kohlebunkers („Inkunabel der deutschen Industriebaukultur"[7], leider abgerissen), ebenfalls 1924 die Rindermarkthalle (heute Parkhaus) sowie 1926 die Schweinemarkthalle. ——— Ob das in seiner roten Klinkeranmutung legendäre Umspannwerk in der Porsestraße, das Volksbad Südost oder die Chirurgische Universitätsklinik – sie alle wurden 1926 realisiert, ehe Göderitz 1927 für die Deutsche Theaterausstellung auf der Rotehorninsel die „Stadthalle zu Magdeburg" baute. Das in nur viermonatiger Bauzeit hochgezogene Stahlbetonkonstrukt gilt mit seiner stringenten Staffelung mehrerer Kuben im Wechsel von sinnfälligen Horizontalen und Vertikalen als Flaggschiff des Neuen Bauens. Und Göderitz in der Rückschau für Magdeburg als ein Glücksfall, der der Stadt an der Elbe „mit der neuen Stadthalle ein Hauptwerk der klassischen Moderne"[8] schenkte. 1945 stark zerstört, wurde die Halle nach dem Krieg wieder aufgebaut, bis 2022 soll das Denkmal nun von gmp Gerkan, Marg und Partner, Hamburg, von Grund auf saniert werden.

12

CARL KRAYL (1890–1947)

10 WOHNANLAGE SCHNEIDERSGARTEN (1926–1932), Lucas-Cranach-Straße, Jordanstraße, Dürerstraße

11 SPORTHAUS FREIER WASSERSPORTVEREIN GROSS-MAGDEBURG (1927), Seilerweg 9

12 VERWALTUNGSGEBÄUDE AOK (1927), Lüneburger Straße 4

13 DEHNES HOF (1936), Olvenstedter Straße 25A

14 SIEDLUNG CRACAU (1929–1938)

Das Magdeburg der 1920er- und 1930er-Jahre – die „Stadt des Neuen Bauwillens" – ist nicht denkbar ohne das Wirken des ursprünglich aus Schwaben stammenden Architekten Carl Krayl. Den hatte 1921 der gerade zum Stadtbaurat berufene ➔ *Bruno Taut* in die Elbestadt geholt, um dort das Entwurfsbüro im Magdeburger Hochbauamt zu leiten – eine Glanzaufgabe, die er „mit seinen künstlerischen Interventionen" kongenial als „Chefgestalter der farbigen Stadt"[9] anging. Als flankierende Kampagne zur 1922 ausgerichteten Mitteldeutschen Ausstellung MIAMA erhielten Hausfassaden, darunter auch das Renaissance-Rathaus, teils knallbunte Anstriche, 35 Entwürfe dafür lieferte Krayl, unter anderem für die Otto-Richter-Straße (1921). —— Hochfliegende Hochhaus-Ideen wurden unter Taut im Hochbauamt „ausgebrütet", überliefert sind unter anderem Krayls Entwürfe für ein Bürohaus (1921) am damaligen Kaiser-Wilhelm-Platz (heute Universitätsplatz). Gebaut hingegen wurde sein Messepavillon für den Schokoladenhersteller Hauswaldt (1922), der wie ein kleiner Palast aus einer Filmkulisse den Zeitgeist eines wilden Expressionismus atmete. Doch erst seine neusachlichen architektonischen Entwürfe, endlich in Form und Funktion – auch für einen dringend benötigten sozialen Wohnungsbau – realisierbar, konnte er ab 1924 (nun) freiberuflich und in Büropartnerschaft mit Maximilian Worm (bis 1927) umsetzen. Es entstand die Wohnanlage Schneidersgarten (ab 1926), ein in sich geschlossenes, in zwei Bauabschnitten realisiertes Ensemble, oder die Anger-Siedlung (ab 1926) in Magdeburg-Brückfeld. —— Mit Worm gewann er auch den Wettbewerb für den Bau des Verwaltungsgebäudes der AOK (1927),

das Krayls Meisterwerk werden sollte: ein „vollkommen neuer Bautypus", „ein medizinisches Zentrum mit großräumigen Serviceeinrichtungen"[10]. Kühn ist die Idee, für eine lichtdurchflutete Kundenhalle aus 10.000 gläsernen Luxferprismen die Decke zu gestalten. Für das Treppenhaus bildet sich straßenseitig gar eine ganze Front aus diesen Glaselementen, das neben den hochaufragenden Pfeilern die dunkelrote Klinkerfassade beherrscht. ▬ Krayl gehörte seit 1926 der Architekten-Vereinigung „Der Ring" an, die ein „Neues Bauen" forderte und förderte. Mit Großprojekten wie der Siedlung Fermersleben ab 1927, der Curie-Siedlung ab 1929 sowie der ebenfalls 1929 begonnenen Siedlung Cracau (alle u.a. mit Paul Wahlmann, damals technischer Geschäftsführer des Baubüros vom Verein für Kleinwohnungswesen GmbH, ein Zusammenschluss der sechs Magdeburger Wohnungsbaugenossenschaften) konnte er diesen Anspruch verwirklichen. Die Siedlung Cracau, auf Magdeburgs ostelbischer Seite gelegen, zeigt insbesondere im ersten, noch vor der Weltwirtschaftskrise realisierten Abschnitt, wie es gelang, durch „Wiederholung und Differenzierung von Material und Form in der Verbindung mit der Topografie eine geschlossene Einheit und atmosphäri-

sche Dichte zu schaffen".[11] Noch heute folgt das Auge gern den gebogenen, zur Elbe hin orientierten Häuserzeilen oder schaut auf Platzsituationen, die alternierend durch sich zurückstaffelnde Kopfbauten im Straßenverlauf entstehen – allesamt glückhaft in den vergangenen Jahren denkmalgerecht saniert. ▬ In der Architekturgeschichte der klassischen Moderne steht Carl Krayl in einer Reihe mit Bruno Taut, Hans Scharoun oder ➔ *Walter Gropius*. Im Gegensatz zu seinen berühmten Zeitgenossen findet sich seine gebaute Welt aber eben nur in Magdeburg.

ALBINMÜLLER (1871–1941)

15 AUSSICHTSTURM (1927), Rotehornpark
16 AUSSTELLUNGSANLAGE MIT PFERDETOR, LICHTSTELEN UND BRUNNEN (1927), Rotehornpark

Er nannte sich ab 1917 Albinmüller, der ursprünglich aus dem Erzgebirge stammende Architektur-Autodidakt Albin Camillo Müller, der an der Kunstgewerbeschule Mainz und der Akademie Dresden studiert hatte. Ab 1900 bis 1906 lehrte er mit einem neuen künstlerischen Geist an der Kunstgewerbe- und Handwerkerschule Magdeburg als Leiter der neu eingerichteten Abteilung für Innenraum und Architektur. Hier fand er zu einem konstruktiven Architekturstil, den er im Zuge der Planungen für die Deutsche Theaterausstellung in Magdeburg 1927 mit einem eigens dafür entworfenen, 60 Meter hohen Aussichtsturm auf eindrucksvolle Weise umsetzen konnte. —— Das sich in die Höhe reckende Bauwerk verstand sich von Anbeginn als Vertikale zur zeitgleich von ❯ *Johannes Göderitz* erbauten Stadthalle, ein gläserner, 15 Meter hoher Turmaufsatz verstärkt die Höhenwirkung, er leuchtet wie ein vielfacettierter Kristall in die Nacht. Früher wurde in dessen Innern ein Restaurant betrieben, eine umlaufende Plattform lädt bis heute zur besten Aussicht über die Stadt. Auf der südwestlichen Ecke zieht sich ein Fensterband bis an die Spitze des heute nach ihm benannten Turmes, geschmückt von einer Galionsfigur gleichenden Baukunst: der Magdeburger Jungfrau mit Ehrenkranz. —— In der von ihm maßgeblich konzipierten Ausstellungsanlage auf der Rotehorninsel (in Nachfolge des Gebrauchsgrafikers und Werbekünstlers Wilhelm Deffke, seinerzeit Direktor der Kunstgewerbe- und Handwerkerschule Magdeburg) war Licht ein wichtiges Gestaltungsmerkmal. Ausgehend von dem mit Eisenklinkern verblendeten Stadthallen-Entree öffnete sich ein lichtumflossener Ehrenhof, den Albinmüllers Pferdetor fulminant krönte, ein hochgezogenes, fünfbogiges und aus dunkelroten Klinkern erbautes Torbauwerk mit sechs kraftvollsprungbereiten Pferden (Fritz Theilmann, Kieler Kunst-Keramik AG, KKK).

SWM

SOMMER-KINO

26. bis 30. Juli,
21.00 Uhr im
Rotehornpark,
Einlass ab
19.00 Uhr

Mi, 26.07.	Der ge
Do, 27.07.	Traum
Fr, 28.07.	Birnen
	mit La
Sa, 29.07.	Zooma
So, 30.07.	Kundsc
	des Fri

SWM
Magdeburg

KONRAD RÜHL (1885–1964)

17 HERMANN-BEIMS-SIEDLUNG (1926–1929), Große Diesdorfer Straße, Flechtinger Straße u. a.

Der Name Konrad Rühl ist – neben Johannes Göderitz, Gerhard Gauger, Willy Zabel und Adolf Otto – untrennbar mit der nach dem damaligen Oberbürgermeister Hermann Beims benannten Siedlung verbunden, deren Bau 1926 im Auftrag der Magdeburger Gemeinnützigen Heimstätten A.G. „Heimag" sowie des Vereins für Kleinwohnungswesen westlich der Altstadt begann. Sie gilt bis heute in ihrer Größe, Einheitlichkeit und Geschlossenheit als herausragendes Beispiel für die 1920er-Jahre-Moderne. ——— Rühl arbeitete seit 1924 als Leiter der Städtebauabteilung im Magdeburger Stadterweiterungsamt unter dem seit 1923 kommissarisch eingesetzten Stadtbaurat ➜ *Johannes Göderitz*. Der setzte die von seinem Vorgänger ➜ *Bruno Taut* begonnene Entwicklung eines sozial verträglichen Siedlungsbaus auf Grundlage eines Generalsiedlungsbaus kontinuierlich fort. ——— Eine Pappelallee säumt eine von Ost nach West ausgerichtete zentrale Grünachse. Die dreigeschossigen, flach gedeckten und auf einem Ziegelsockel ruhenden Häuser sind hingegen stets parallel zueinander und in Nord-Süd-Richtung erbaut – ein klares Muster, das geschützte Hofsituationen entstehen lässt und die bezwingend-ruhige Alternanz des Ensembles unterstützt. Straßenkreuzungen weiten sich durch Gebäudestaffelung auf, Ladenzonen sind an deren Ecken angeordnet, Platzsituationen entstehen. Horizontal sind die Fenster mittels farbiger Putz- oder Klinkerbänder miteinander verbunden, vertikal die ebenfalls mit Klinkern variationsreichen Eingangs- und Treppenhausbereiche sowie Beleuchtungskörper gestaltet. ——— Und während nach kontinuierlicher Sanierung die Hauseingangstüren zu den rund 2.000 hochbeliebten Wohnungen kräftigfarbige Akzente setzen, strahlen die hellen Putzfassaden heute fast alle wieder im homogenen Farbspektrum von Hellgelb bis Ocker. Rühls Städtebau-Kunst ist bis heute ablesbar geblieben – trotz der in den 1960er-Jahren in Richtung Westfriedhof eher unsensibel für den Ort eingefügten Bauten.

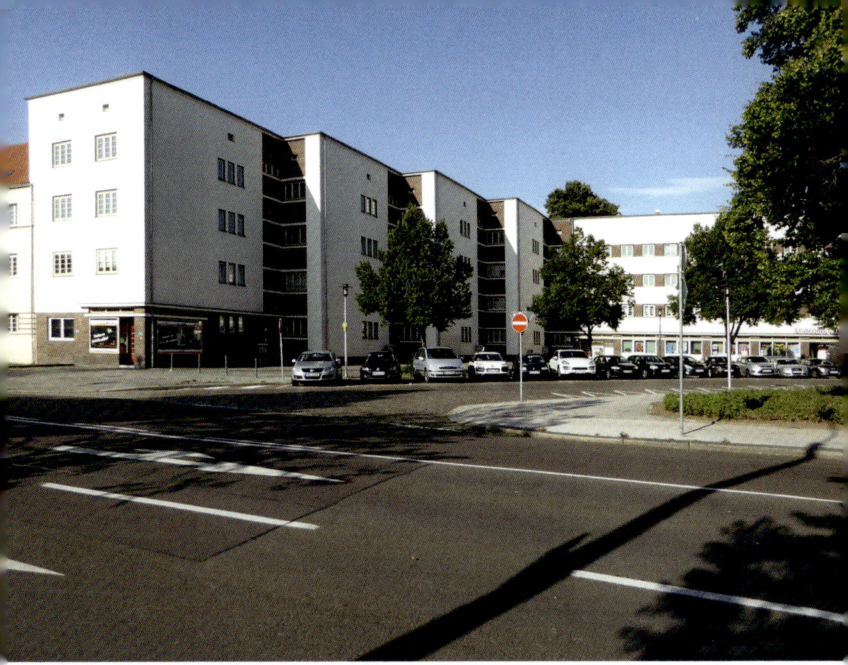

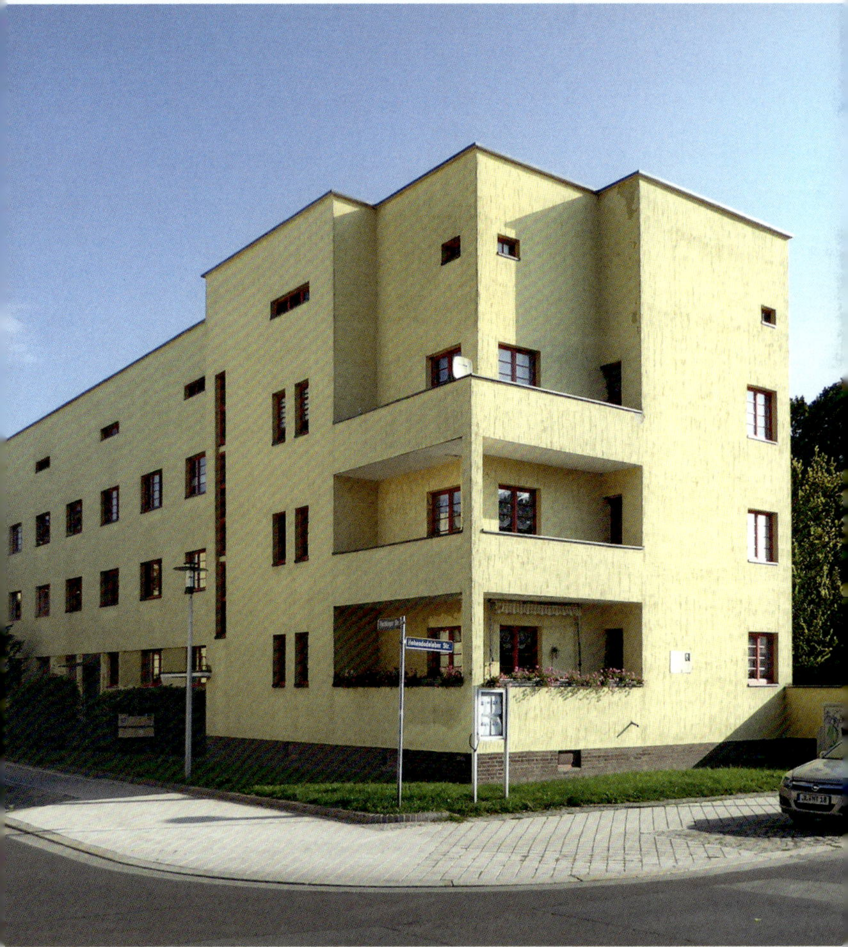

SEHENSWERTES AUF DEM WEG (AUSWAHL)

MAGDEBURG

Dom St. Mauritius und St. Katharina, Am Dom 1

Kloster Unser Lieben Frauen, Regierungsstraße 4–6

St.-Petri-Kirche, Neustädter Straße 4

St.-Sebastian-Kirche, Max-Josef-Metzger-Straße 1a

Klosterbergegarten und Gruson-Gewächshäuser, Schönebecker Straße

Stadtpark Rotehorn, Heinrich-Heine-Platz

Elbauenpark, Tessenowstraße 7

Herrenkrugpark, Herrenkrug

Faber-Hochhaus (1932), heute Volksstimme, Paul Schaeffer-Heyrothsberge, Bahnhofstraße 17

Hyparschale (1969), Ulrich Müther, Fritz Retzloff

Fakultät für Wirtschaftswissenschaft der Otto-von-Guericke-Universität (1997), Architekturbüro Prof. Peter Kulka, Pfälzer Platz/ Gustav-Adolf-Straße (Architekturpreis des Landes Sachsen-Anhalt 1998)

mdr Landesfunkhaus Sachsen-Anhalt (1998), Gerber Architekten, Stadtparkstraße 8 (Architekturpreis des Landes Sachsen-Anhalt 2001, Anerkennung)

Norddeutsche Landesbank (2002), Bolles+Wilson, Breiter Weg 7

Schiffshebewerk Rothensee, Zur Schleuse

Hubbrücke Magdeburg, Zur Hubbrücke

Magdeburger Pilotenrakete, Technikmuseum, Dodendorfer Straße 65

SCHÖNEBECK (ELBE)

Dorfkirche St. Thomas, Am Park 12, OT Pretzien

Ringheiligtum Pömmelte, L51 zwischen Zackmünde und Pömmelte

Pretziener Wehr, OT Pretzien

BERNBURG (SAALE)

Dorfkirche St. Stephani, Weinberg, OT Waldau

Eulenspiegelturm des Schlosses, Schlossstraße 24

Kinderheim (1927), heute ASB Geschäftsstelle, Sozialstation, Solbadstraße 2 c

Rathaus II (1921), Ausmalung: Richard Degenkolbe, Schlossstraße 11

Anton-Saefkow-Siedlung (Zickzackhausen) (1929), Leopold Fischer, John-Schehr-Straße, Horst-Heilmann-Straße

---

NIENBURG (SAALE)

Benediktinerkloster St. Marien und St. Cyprian, Goetheplatz 8

FACHWERKKUNST:

1 Hagen 3
2 Hagen 21
3 Hagen 28
4 Hagen 45
5 Kapellenstraße 1
6 Schäfers Hof, Kapellenstraße 27
7 Eulenspiegelhaus, Schulzenstraße 8
8 Gasthof zur Tanne, Rosmarienstraße 7–10
9 Mittelstraße 7
10 Neukirchenstraße 1
11 Neukirchenstraße 19/20
12 Markt 1

13 Kirche St. Stephani

14 Bunter Hof, Rössingstraße 5

Sie zählt zu den schönsten Fachwerk-
städten Deutschlands: Osterwieck, die
Stadt im Harz am Südhang des Großen
Fallsteins und am rechten Ufer der Ilse
gelegen. Eine lange Geschichte begleitet ihre Stadtwerdung. Bereits 780 wurde sie Missionszentrum Karls des Großen und derart zum Ausgangspunkt des
Bistums Halberstadt. 974 gab ihr Otto
II. Markt- und Münzrecht. Mit der Zoll-
freiheit erhielt sie weitere Privilegien.
Auf denen sollte sich zusammen mit
Kaufmannsgeschick und -glück das
Selbstbewusstsein ihrer Bürger grün-
den. Denn: Früh bekannte man sich
hier in bürgerlichem Ungehorsam und
mit großer Entschiedenheit zur Lehre
Martin Luthers. Nicht durch Erlass eines Landesherrn, sondern abseits geist-
licher Aufsicht geschah das in einer Art
„gemeindlicher Selbstreformation"[12].
Bereits 1535 wurde auf Ratsbeschluss
ein lutherischer Prediger berufen. Osterwieck nahm damit in der Harzregion –
neben Aschersleben – eine Vorreiterrolle
im Reigen der zum Hochstift Halberstadt zählenden protestantischen Ort-
schaften ein und dokumentierte dies
auch in der Öffentlichkeit: mit Inschriften an ihren ➲ *Fachwerkhäusern*. An-
hand derer – 41 von den in den Refor-
mationsjahren erbauten sind erhalten

– ist der Weg einer Gemeinde zum lutherischen Glauben wie in kaum einer
anderen Stadt Sachsen-Anhalts bis
heute nacherlebbar. Zu dieser Geschichte zählt auch der Neubau des
Hauptschiffs der ➲ *Kirche St. Stephani*, eines der weltweit frühesten protestantischen Stadtkirchenbauwerke. ▬
Vielleicht wäre es zu dieser öffentlichen
Demonstration religiöser Überzeugung
nie gekommen, hätten nicht eine große
Wasserflut 1495 und ein Stadtbrand
1511 – zumindest eines der beiden Ereignisse jener Zeit ist historisch belegt
– Häuser vernichtet und so Platz für
Neues geschaffen. Eine rege Bautätigkeit setzte ein. Die traditionell mit
Schnitzwerk verzierten und ab ca. 1530
von einer renaissancegeprägten wahren
Formenfülle von Flecht- oder Taubän-
dern, Schiffskehlen oder Fächerrosetten
geschmückten Fachwerkhäuser waren
ideale Träger für die „auswändig und
offen zur Schau gestellten"[13] Botschaf-
ten der Reformation. ▬ Wer heute
nach Osterwieck kommt, darf staunen:
über ein großartiges Ensemble erlese-
ner, in Fachwerk errichteter Häuser,
376 von ihnen stehen unter Denkmalschutz, teils säumen sie bis heute ganze Straßenzüge. Gut die Hälfte davon
ist rund 300 Jahre alt, mehr als ein

Drittel aber ist älter und stammt aus der Zeit bis zum Ende des Dreißigjährigen Krieges. Auf vermutlich 1480 datiert sich das älteste Gebäude. —— Erhaltene Baudenkmale in dieser Dichte – das gibt es wohl in keiner anderen Stadt Sachsen-Anhalts. Eine gute Anzahl dieser das Herz des interessierten Besuchers berührenden und baugeschichtlich hochwertvollen Häuschen und Häuser ist in den vergangenen über 25 Jahren gerettet, kunstvoll rekonstruiert, saniert und für eine Nutzung im Heute modernisiert worden. Andere warten noch. So soll der „Gasthof zur Tanne", kürzlich von der Stadt zurückgekauft, gesichert und später denkmalgerecht umgebaut werden. —— Osterwieck – vormals Stadt der Handschuhmacher – liegt seit der Einheit Deutschlands wieder in der Mitte des Landes und lädt zur Entdeckung auf den Spuren Luthers und sich selbst: durch ein Meer rotgedeckter Häuser, die in sanften Windungen im Altstadtkern mäandern und einzigartig rund 500 Jahre Fachwerk- und Reformationsgeschichte dokumentieren.

FACHWERKKUNST

1 Hagen 3, **2** Hagen 21, **3** Hagen 28, **4** Hagen 45, **5** Kapellenstraße 1,
6 Kapellenstraße 27 (Schäfers Hof), **7** Schulzenstraße 8 (Eulenspiegelhaus),
8 Rosmarienstraße 7 – 10 (Gasthof zur Tanne), **9** Mittelstraße 7,
10 Neukirchenstraße 1, **11** Neukirchenstraße 19/20, **12** Markt 1

Man kann sie als „Graffiti" ihrer Zeit begreifen, leitet man das Wort aus dem Griechischen „gráphein" = „schreiben" oder „zeichnen" ab: die protestantischen Inschriften an den Fachwerkhäusern Osterwiecks. Insgesamt 41 sind aus der unmittelbaren Reformationszeit original bauzeitlich überliefert, sie folgen einem der wesentlichen Anliegen der Reformation „sola scriptura": „allein durch die Schrift". Nach einem verheerenden Ilse-Hochwasser im Sommer 1495 hatte man die Stadt beherzt in traditioneller Fachwerkmanier wieder aufgebaut. Das öffentliche Bekenntnis zur kirchlichen Erneuerungsbewegung war dabei inneres Bedürfnis. Fläche für Text boten insbesondere die horizontal durchlaufenden Stockschwellen auskragender Obergeschosse und Brüstungsbohlen der traditionsgemäß schnitzgeschmückten Harz-Fachwerkhäuser. —— Als einer der ersten ließ der damalige Bürgermeister Steggeler eine Inschrift an sein Haus Hagen 24 anbringen, in der es neben der Jahresangabe 1533 „Nach Christi Geburt der Weniger Zahl 33." heißt: „All der uns erlöset hat alzumal", eine Zeile, die mit ihrem Reformations-Codewort „Allein" Kardinal Albrecht – zu jener Zeit zugleich als Bischof von Halberstadt – bei seinem Osterwieck-Besuch im selben Jahr wenig gefallen haben dürfte. Auf 1534 datiert sich der Eintrag am Eulenspiegelhaus in der Schulzenstraße 8. Neben seiner außergewöhnlichen figürlichen Schnitzerei findet sich hier der Schlachtruf der Reformation: „VERBUM DOMINI MANET IN AETERNUM": „Das Wort Gottes bleibt in Ewigkeit", auch eingeschrieben unter anderem am Haus in der Kapellenstraße 1, zudem üppig und aufwendig mit der der Venusmuschel nachempfundenen Fächerrosette sowie Schiffskehlen kunstfertig geschmückt. —— Die Übersetzung der Bibel in die deutsche Sprache durch Martin Luther war ein epochales Ereig-

nis, die erste vollständige Ausgabe war 1534 von Hans Lufft in Wittenberg gedruckt und in Umlauf gebracht worden. Erst dadurch wurde sie für jedermann verständlich und Allgemeingut – auch in Osterwieck, wie die vielfachen Zitate aus Psalmen beweisen, die man sich für eine Einschrift an Häusern zu eigen machten. Manchmal liest sich die Fassade wie eine ganze Buchseite, etwa das Haus von 1622 in der Mittelstraße 20, dessen Textzeilen sich auf den Stockschwellen der drei Etagen nachverfolgen lassen.

—— Osterwieck kann für sich beanspruchen, die früheste und vollständigste Sammlung sich zur Reformation bekennender Hausinschriften vorweisen zu können. Sie legen auf einzigartige Weise Zeugnis über die Gedankenwelt der Menschen jener Zeit zwischen „verängstigter Gläubigkeit" und der „befreienden Wirkung der Reformation"[14] ab und stehen zugleich exemplarisch für das „in der frühneuzeitlichen Stadtlandschaft ebenso neu- wie einzigartige städtebauliche Phänomen der ‚Stadtwerdung des biblischen Wortes'".[15]

„Ja wollt Gott, ich kund die herrn und die reychen dahin bereden, das sie die gantze Bibel ynwendig und auswendig an den heusern für ydermans augen malen ließen, das were ein Christlich werk."
(Martin Luther)

13 KIRCHE ST. STEPHANI

Stephanikirchhof

Als die „wilde" Ilse in einem Hochwasser 1495 St. Stephani schwer beschädigt und nur die trutzige romanische Doppelturmfront aus dem 12. Jahrhundert der Naturgewalt standgehalten hatte, begann von 1552 bis 1557 der Wiederaufbau. Erst baute man den gotischen Chor, riss dann das romanische Langhaus ab, um es im gotischen Stil wiederzuerrichten. St. Stephani gilt als einer der frühesten protestantischen Kirchenbauten weltweit. ▬ Zu fast 90 Prozent selbst finanziert, ist der Bau als Werk einer Stadtgesellschaft, die sich inmitten eines katholischen Bistums zum Protestantismus bekannte und selbstbewusst ein baukünstlerisches Denkmal setzte. Fein sind die Arkadenbögen über den achteckigen Pfeilern mit ihren von der Spätgotik geprägten Steinmetzreliefs gearbeitet. Ihre Schlusssteine tragen Wappen von Ratsherren, Bürgermeistern, der Gilden sowie das der Stadt, sie zeigen auch Hauszeichen, florale Elemente sowie Kopf- oder Tierdarstellungen – ein „ornamentales Programm von großer stilistischer, konzeptioneller und handwerklicher Geschlossenheit".[16] ▬ Gemälde an den schlichten Holzemporen wie auch an der „Gildenprieche" von 1575 erzählen aus dem Alten und Neuen Testament, hier sind auch die Namen ihrer Stifter verewigt; die Kanzel von 1603 ist ein Werk der Hochrenaissance. Bereits in vorreformatorischer Zeit war bis 1516 der Chor im spätgotischen Stil restauriert worden – sehenswert: der Marienkrönungsaltar von 1484 sowie die bronzene Erztaufe vom Ende des 13. Jahrhunderts. ▬ Wieder war es Bürgerengagement, das es nach der deutschen Wiedervereinigung 1990 ermöglichte, St. Stephani zu alter Pracht zu führen.

14 BUNTER HOF (2016)

Rössingstraße 5
Sanierungsregie: Deutsches Fachwerkzentrum Quedlinburg e. V., Welterbestadt Quedlinburg
Bauherr: Stadt Osterwieck, Osterwieck

Der „Bunte Hof" in Osterwieck war einer der Rössingschen Besitzungen. 1579 hatte es dem adligen Ritter Ludolph I. gefallen, sich in der südöstlichen Ecke der Stadt niederzulassen, die Geldmittel stammten aus Kriegsdiensten für den spanischen und französischen Hof. Einst renaissancegeprägt wuchs der Fachwerkhof über die Jahrhunderte zu einer L-förmigen Anlage mit Bauten aus verschiedenen Entstehungszeiten zusammen. Von allen Gebäudeteilen verblieb über die Zeiten allein der Südflügel – der Hauptteil der Anlage – mit seinen reich verzierten Blendarkaden, Inschriften und Dekor erhalten, an dessen Nordfassade zudem ein bauzeitlicher, achteckiger Treppenturm mit seinem Wendel"stein" aus Eichenholz überdauert hat. —— Dreißig Jahre stand das dreistöckige, mit hohem Satteldach gedeckte Gebäude leer. Erst 2007 mit dem Kauf durch die Stadt und neuen Nutzungsideen konnte es gerettet und im Status eines Modellvorhabens gemeinsam mit dem Deutschen Fachwerkzentrum Quedlinburg e. V. ökologisch, energieeffizient sowie substanz- und ressourcenschonend saniert werden. Dazu wurden Dielen, Putze, teilweise mit Inschriften und Tapetenresten, Türen und Bekrönungsfelder mit Malereien aus dem 16. Jahrhundert aufgearbeitet. —— Vier barrierearme Wohnungen sind für körperlich eingeschränkte Schüler des nahen Fallstein-Gymnasiums sowie eine Bibliothek im ersten Obergeschoss eingerichtet worden, u.a. erreichbar über einen Aufzug im rückwärtigen Anbau. Mit dem 21 Meter langen Rittersaal samt seiner restaurierten historischen Deckenfelder aus dem 16. Jahrhundert hat Osterwieck einen neuen, einzigartigen Veranstaltungsort erhalten, in dem unter anderem der Stadtrat die Geschicke der „Fachwerkstadt der Reformation" an der „Straße der Romanik" lenkt.

SEHENSWERTES
AUF DEM WEG (AUSWAHL)

HALBERSTADT

Dom und Domschatz,
Domplatz 16a

Domschatz – Eingangsgebäude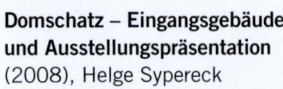
und Ausstellungspräsentation
(2008), Helge Sypereck
Planungs GmbH, Domplatz 18

Liebfrauenkirche, Domplatz 46

Landschaftspark Spiegelsberge,
Spiegelsberge

Haus Klamroth (1910), heute
Parkhotel, Hermann von
Muthesius, Klamrothstraße 2

HUY

Wasserschloss Westerburg,
Westerburg 34, OT Dedeleben

Benediktiner-Priorat St. Marien,
Benediktinerkloster Huysburg,
OT Dingelstedt

BLANKENBURG

Zisterzienserkloster Michael-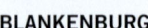
stein und Klostergarten,
Michaelstein 3

Schloss und Schlossgärten,
Schnappelberg 6

WERNIGERODE

Kirche St. Johannis,
Pfarrstraße 24

Brockengarten,
Brockenstraße, OT Schierke

Schloss und Schlossgärten,
Am Schloss 1

Bahnhof Westerntor (1936),
Fritz Höger, Unter den Zindeln 5

Schierker Feuerstein Arena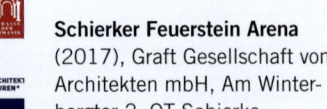
(2017), Graft Gesellschaft von
Architekten mbH, Am Winter-
bergtor 2, OT Schierke

Harzer Schmalspurbahnen,
Bahnhofsplatz 1

WELTERBESTADT QUEDLINBURG

Stiftskirche St. Servatius
mit Domschatz, Schlossberg 1g

Basilika St. Wiperti,
Wipertistraße

Marienkloster Münzenberg,
Münzenberg 4

Stiftskirche St. Cyriakus,
Burgstraße 3, OT Gernrode

Stiftsgärten, Platz des Friedens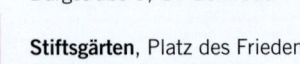
(Architekturpreis 2016)

Wohnhaus (2013), qbatur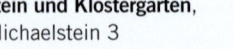
Planungsgenossenschaft eG,
Breite Straße 12 (Architekturpreis des Landes Sachsen-Anhalt
2016)

THALE

Kloster Wendhusen,
Wendhusenstraße 7

ELBINGERODE

Diakonissen-Mutterhaus Neu-
vandsburg (1934), Godehard
Schwethelm, Unter den
Birken 1

Oberbruch
11
17
Großkuhnau
Kuhnauer Park
Ziebigk
3
9
8
2
15
18
14
Kleinkuhnau
7
6
1
Dessau
Alten
16
13
12
5
4
Dessau-Süd
Törten
10
Kochstedt

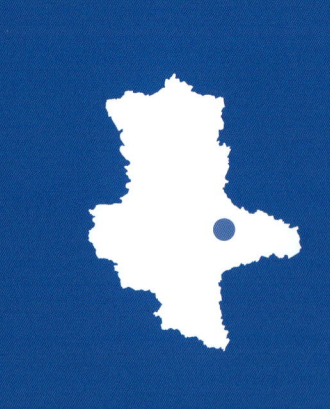

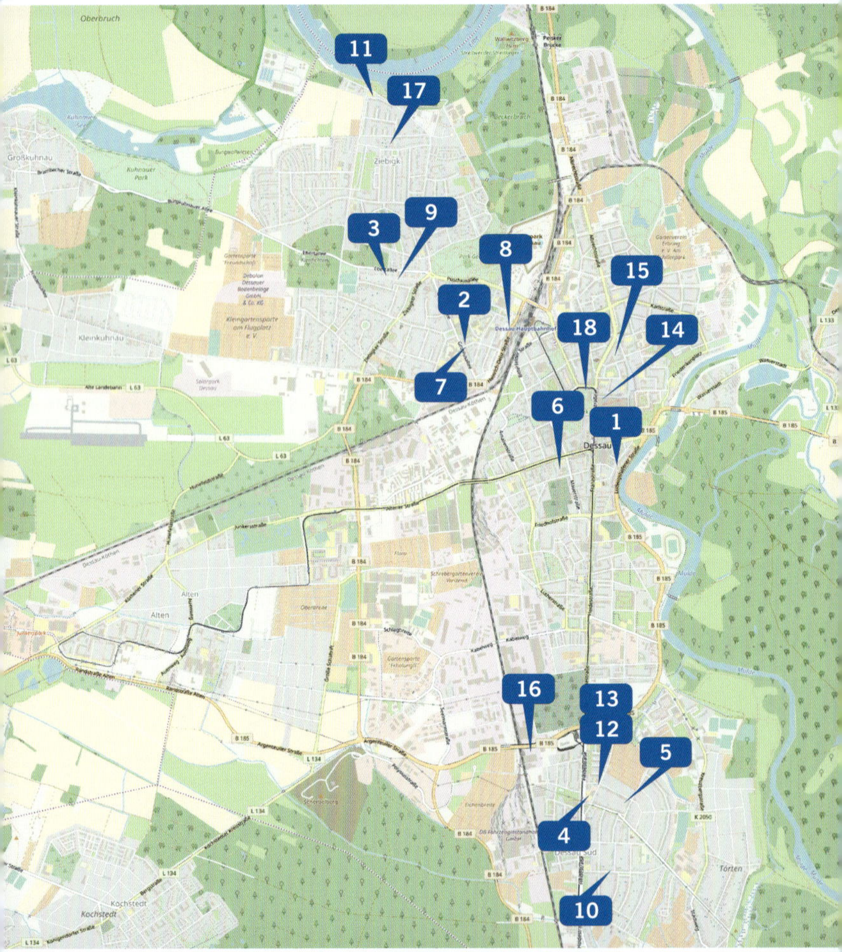

DESSAU-ROSSLAU

1 Johannbau

WALTER GROPIUS:
2 Bauhausgebäude
3 Meisterhäuser
4 Siedlung Törten
5 Konsumgebäude
6 Amt für Arbeit

7 Bibliotheken am Bauhaus

8 Westausgang Hauptbahnhof Dessau, Bauhausumfeld

9 Neue Meisterhäuser

HANNES MEYER:
10 Laubenganghäuser

CARL FIEGER:
11 Kornhaus
12 Haus Fieger

RICHARD PAULICK:
13 Stahlhaus

KURT ELSTER:
14 AOK-Verwaltungsgebäude
15 Schade-Brauerei
16 Kameradschaftshaus der Zuckerraffinerie

LEOPOLD FISCHER:
17 Knarrbergsiedlung

18 Bauhaus Museum

2

Die Geschichte gab Dessau viele Titel. Sie war Residenzstadt der Fürsten und späteren Herzöge von Anhalt-Dessau, Hauptstadt der vereinigten Herzogtümer Anhalts bzw. seit 1918 des Freistaates Anhalt, Stadt der Reformation und Zentrum humanistischer Aufklärung. Sie ist Stadt des Dessau-Wörlitzer Gartenreichs, Stadt mitteldeutscher Industriegeschichte und Stadt des Bauhauses. Dem 2011 deklarierten Leitbild einer „Bauhausstadt, in der die Moderne Tradition hat" eifert die Doppelstadt Dessau-Roßlau heute nach und schöpft dabei Inspiration, Motivation und Mut aus einem überlieferten Handlungsmuster: aufgeschlossen gegenüber Neuem zu sein. ▬▬ Protagonisten dieser bewegten Geschichtsschreibung waren unerschrockene Weltverbesserer: Fürst Georg III. von Anhalt etwa, den man auch den „Gottseeligen" nannte, der 1534 die Reformation in Anhalt einführte und dessen Geschichte der einzig verbliebene Gebäudeflügel des Dessauer Stadtschlosses, der ➜ *Johannbau*, erzählt. Oder Fürst Leopold III. Friedrich Franz von Dessau-Anhalt, von seinem Volk als „Vater Franz" verehrt, der mit der militärischen Tradition seines Hauses brach und mit den in der Aufklärung begründeten Reformen eine „Kultur der

Weltenwende" einleitete. Unter seiner Ägide wurde Dessau-Anhalt zu einem beneidenswert modernen Musterstaat. ▬▬ Als „idealisiertes Miniaturbild dieses Strebens"[17] steht das heute als Welterbe geschützte Dessau-Wörlitzer Gartenreich, das er gemeinsam mit seinem Freund und Architekten Friedrich Wilhelm von Erdmannsdorff anlegte und das jener 1769 mit dem Bau des Schlosses Wörlitz, dem Gründungsbau des deutschen Klassizismus, krönte. ▬▬ Zum Zentrum der deutschen Aufklärung wurde Dessau durch das Wirken eines Philosophen und liberalen Vordenkers wie Moses Mendelssohn oder eines Reformpädagogen wie Johann Bernhard Basedow, der 1774 mit seiner Modellschule „Philanthropin" die „wohl wirkmächtigste Schulneugründung in Deutschland seit Errichtung des pietistischen Pädagogiums der ➜ *Franckeschen Stiftungen* in Halle (Saale) 1696" schuf. ▬▬ Die Zeichen der Zeit erkannten wache Unternehmer wie Victor von Unruh, in dessen Nachfolge Wilhelm Oechelhäuser, sowie der Bankier Louis Nulandt, als sie 1855 die Deutsche Continental-Gas-Gesellschaft in Dessau gründeten und auch im Weiteren als Motoren im rasanten industriellen Wachsen der Stadt wirkten, als man

1886 das zweite Elektrizitätswerk Deutschlands in Betrieb nahm und zudem die Stadt mit Stadtgas zur Straßenbeleuchtung versorgte. Jetzt war es hell in den Straßen, in denen ab 1870 der Innovationsgeist eines Gottfried Polysius den Maschinenbau zum Erfolg und den des Ingenieurs, Unternehmers und Flugzeugpioniers Hugo Junkers ab 1895 zur Verwirklichung seines Traums vom Fliegen und zu einer Revolutionierung der Luftfahrt führte. —— In jenen Jahren wuchs Dessau aus seinen historischen Grenzen genauso rasant heraus wie ihr unstillbarer Bedarf an Arbeitskräften anstieg. Antworten auf die radikalen gesellschaftlichen Veränderungen, insbesondere die große Wohnungsnot in allen deutschen Städten, waren brennend gesucht, und Architekten, Planer und Künstler auf der Suche nach gesellschaftsreformierenden Konzepten. Es war die Zeit der „Großen Pläne", wie die Stiftung Bauhaus Dessau ihre Verbundausstellung zum 90. Geburtstag des Bauhausgebäudes 2016 übertitelte und unter Beweis stellte, „dass die Moderne kein ‚bloßer' Stil, sondern eine multiperspektivische Denkart und Erfahrungsweise war."[18] —— Es war eine glückliche Fügung, dass es 1925 dem sozialdemokratischen Bürgermeister Fritz Hesse gelang, das „Staatliche Bauhaus" aus dem rechtskonservativen Weimar in das prosperierende Dessau zu holen. Es begann eine große Stunde der Stadt, die – wirtschaftlich gesundend – über die Mittel verfügte, 1926 den spektakulären Schulneubau für das fortan als „Hochschule für Gestaltung" firmierende Bauhaus ebenso zu finanzieren wie die Wohnhäuser für die Lehrer: das ❯ *Meisterhausensemble*. Beide Projekte stammen aus dem privaten Büro des Bauhausgründers ❯ *Walter Gropius*, an seiner Seite sein kongenialer Mitarbeiter, der Architekt und Designer ❯ *Carl Fieger*, der unter anderem mit dem Ausflugslokal ❯ *Kornhaus* der Stadt am Ufer der Elbe sein gebautes Erbe hinterließ. —— Im Bauhaus wurde der Gedanke einer Symbiose von Architektur, Design und Kunst – und (zusammen mit Gropius' privatem Baubüro) ganz konkret an Siedlungsbauvorhaben gearbeitet. Es entstand ab 1926 die Versuchssiedlung für rationalisiertes, serielles und typisiertes Bauen „Dessau-Törten", die 1930 ❯ *Hannes Meyer*, Bauhausdirektor in Gropius' Nachfolge, um fünf ❯ *Laubenganghäuser* erweitern sollte. Gerade erst im Jahr 2017 erhielten sie den wertvollen UNESCO-Titel und sind so den schon seit 1996 als

Trinkhalle (1932), Ludwig Mies van der Rohe

Welterbe geschützten Bauhausstätten hinzugefügt. ⟶ Für den Experimentiergeist des Bauhauses sei hier stellvertretend der spätere Chefarchitekt der sozialistischen Modellstadt Halle-Neustadt ➜ *Richard Paulick* und sein zusammen mit Georg Muche erdachtes ➜ *Stahlhaus* in Törten erwähnt. ⟶ Für eine andere Dessauer Siedlung zeichnet der Adolf-Loos-Schüler ➜ *Leopold Fischer* verantwortlich: die ➜ *Knarrbergsiedlung*, die er mit dem Gartenarchitekten Leberecht Migge erdachte und deren konsequent ökologische Ausrichtung wie ein hochlöbliches Öko-Projekt aus der Jetztzeit wirkt. ⟶ Man mag sich fragen, wie diese Visionäre, Fantasten und Erfinder – einem sicher als Bohème empfundenen Kreis – auf die Dessauer Architektenschaft wohl damals wirkten. Jene waren sicher nicht weniger aufgeschlossen gegenüber der Moderne, aber mögen sich doch überrollt oder gar zurückgesetzt gefühlt haben. ➜ *Kurt Elster* war ein Dessauer Architekt, dessen Unbehagen über die „dezidierte Doktrin"[19] der Bauhäusler sich überliefert hat, der sich aber neben ihnen mit einer eigenen Moderne behauptete. Sein fast einzig erhaltener Bau ist das ehemalige ➜ *AOK-Verwaltungsgebäude*, denkmalgerecht saniert und heute nach

ihm benannt als ➜ *Sport- und Kurshaus* „Kurt Elster" in direkter und verbundener Nachbarschaft zum Dessauer Gymnasium Philanthropinum. ⟶ Auf Druck der Nationalsozialisten musste 1933 nicht nur das Bauhaus schließen. Junkers wurde enteignet, die Werke zum Rüstungszentrum, ein dunkles Kapitel der Stadt begann. Während des Zweiten Weltkriegs mussten sich über 80 Prozent der Innenstadtgebäude alliierten Luftangriffen beugen, das Herz der Stadt wurde so gut wie ausgelöscht. Der Wiederaufbau, der auf den freien Flächen dem großen Wohnungsmangel zu begegnen suchte, spiegelt sich heute in einer ostdeutschen Nachkriegsmoderne in seltener Vollständigkeit, darunter die 1961 erbaute Kaufhalle samt Tanzcafé des Architekten Hermann Rey, heute die ➜ *Bibliotheken am Bauhaus* im unmittelbaren ➜ *Bauhausumfeld*. ⟶ Das ausgebrannte und fremdgenutzte Bauhausgebäude erstand erst 1976 nach Plänen eines Dessauer Architektenteams unter Leitung von Wilhelm Schulze als Rekonstruktion[20] in seiner früheren Anmutung und der berühmten Glasfassade wieder auf und wurde 1977 als „Wissenschaftlich-kulturelles Zentrum Bauhaus Dessau" sowie 1986 als „Bauhaus Dessau, Zentrum für Gestaltung" neuge-

Y-Häuser

Bereich am Alten Theater

Lange Gasse

gründet, dessen Direktion der Stadt-soziologe Rolf Kuhn übernahm. ━━━ Während eines Workshops im geschichtsträchtigen November 1989 wurde hier die Idee von einem „Industriellen Gartenreich" geboren, die das „ökologische Katastrophengebiet" der Bergbaufolgelandschaft um Dessau, Bitterfeld und Wittenberg in der mitteldeutschen Industrieregion Leipzig/Halle in den Fokus nahm. Zehn Jahre später sorgte das „Industrielle Gartenreich" als Korrespondenzstandort der Weltausstellung EXPO 2000 in Hannover für Furore, eingebettet darin: „Ferropolis – die Stadt aus Eisen".[21] ━━━ Mit der politischen Wende, der Gründung der Stiftung Bauhaus 1995 und der Aufnahme des Bauhauses und der Meisterhäuser 1996 ins UNESCO-Welterbe begann „auf der Grundlage intensiver Recherchen und Analysen eine behutsame denkmalgerechte und energetische Sanierung"[22] in mehreren Schritten, die 2009 abgeschlossen werden konnte und die eine Neugestaltung des ➔ Bauhausumfeldes komplettiert. Auch die Meisterhäuser konnten bis 2006 generalsaniert werden, in städtebaulicher Reparatur stehen heute das einstige Direktorenhaus und die kriegszerstörte Haushälfte Moholy-Nagy als ➔ Neue

Meisterhäuser wieder in der Ebertallee, jedoch mit der „Präzision der Unschärfe" in einer eigenen Handschrift von ➔ Bruno Fioretti Marquez Architekten, Berlin. ━━━ So geht die Geschichte des Bauhauses in Dessau weiter und schreibt sich neu. Um die zweitgrößte Bauhaus-Sammlung der Welt zukünftig dauerhaft und unter bestmöglichen konservatorischen Bedingungen der Öffentlichkeit präsentieren zu können, wird gegenwärtig zum 100. Bauhaus-Geburtstag 2019 ein ➔ Bauhaus Museum von den Siegern des ausgelobten Wettbewerbs, den spanischen Architekten ➔ González Hinz Zabala, im Herzen Dessau-Roßlaus gebaut – der „Bauhausstadt, in der die Moderne Tradition hat".

1 JOHANNBAU

Schlossplatz 3a

Romantisch nah am Muldeufer gelegen schrieb der Johannbau Reformationsgeschichte. Der Westflügel einer ursprünglich vierflügeligen, ab 1708 dreiflügeligen Schlossanlage des anhaltischen Fürstentums Anhalt-Dessau überstand allein – wenngleich ausgebrannt und ruinös – das Bombeninferno des 7. März 1945. Die baulichen Reste des Ostflügels mit den einst fürstlichen Gemächern sowie des Südflügels, der früher den prachtvollen Festsaal barg, wurden 1948 bzw. 1958 gesprengt. ▬ Der Johannbau, bis 1533 errichtet und nach dem ältesten der drei Fürstenbrüder – Johann IV., Georg III. und Joachim I. – benannt, ist ein großartiges Beispiel der von der Frührenaissance geprägten Schlossbauten in Mitteldeutschland. Er begegnet uns seit 1996 rekonstruiert und saniert wieder mit den weit ins Land leuchtenden, bekrönenden Rundgiebeln sowie seinem markanten, auf kubischem Grundriss sich zum Saalbau im ersten Obergeschoss wendelnden Treppenturm. Seit 2005 hat hier das Dessauer Museum für Stadtgeschichte seinen Sitz. ▬ Mutter Margarethe, die nach dem Tod von Fürst Ernst von Anhalt 1516 zunächst die vormundschaftliche Regentschaft übernommen hatte, war überzeugte Katholikin. Anders ihre Söhne, die sich ab 1530 – dem Jahr, in dem die Mutter starb – offen zur Lehre Luthers bekannten. Dessen Besuche in Dessau sind belegt: Für Joachim I., den Jüngsten, verstand er sich als Seelsorger, für Johann IV., den Älteren, als Eheschlichter. Georg III. pflegte den Austausch mit Luther und Melanchthon, verteidigte in eigenen Schriften die Sache des Protestantismus und führte 1534 die Reformation in Dessau-Roßlau ein. Seine bemerkenswerte Büchersammlung, bekannt als die „Georgsbibliothek", findet sich heute in der Anhaltischen Landesbibliothek, darin: ein 1515 gedruckter Luthertext, seit 2015 Teil des UNESCO-Dokumentenregisters.

WALTER GROPIUS (1883–1969)

Dessau ist ohne Gropius undenkbar wie Gropius ohne Dessau nicht denkbar ist. Die Stadt hatte im Frühjahr 1925 den „Tanz der deutschen Städte um das Goldene Kalb Bauhaus" (Oskar Schlemmer)[23] gewonnen. Zuvor war in Weimar der Meisterrat übereingekommen, nach Dessau umzuziehen, danach in Dessau der Gemeinderat dem Vorschlag ihres liberalen, sozialdemokratischen Bürgermeisters Fritz Hesse gefolgt, dem „Staatlichen Bauhaus in Weimar" eine neue Heimat zu geben. So kam Gropius nach Dessau. —— Wer war Walter Gropius? Großneffe des Architekten Martin Gropius, nach dem das 1881 von ihm in Berlin erbaute königliche Kunstgewerbemuseum heute benannt ist. Ein in Berlin privilegiert geborener und aufwachsender junger Mann, der in München und Berlin studierte und schließlich ohne Diplom abbrach, weil ihn die Praxis lockte. Der nicht zeichnen konnte und doch Archi-

tekt sein wollte. Der das Neue im Bauen jenseits tradierter Baukunst suchte und es ab 1908 im Büro des Industriedesign-Avantgardisten Peter Behrens in Neubabelsberg (Potsdam) fand. Und hier auf spätere Weggefährten traf: Ludwig Mies van der Rohe etwa oder Le Corbusier. Gropius' Stärken jenseits des Zeichenstifts waren seine die „Tendenzen der Zeit"[24] bündelnden, visionären Ideen, die der Teamarbeiter unerschütterlich und stilsicher seinen Mitarbeitern, Bauherren, Studenten und der Öffentlichkeit wirksam zu vermitteln verstand. —— Mit eigenem Büro ab 1910 und dem Architekten und Designer Adolf Meyer an der Seite gelang ihm 1911/12 sein erstes und gleich ein bedeutendes architektonisches Meisterstück: das Fagus-Werk in Alfeld (Leine). Der Bau aus überwiegend Stahl und Glas wies in seiner Symbiose von Konstruktion und Kunst bereits nach Dessau, wo 1925 in

2

Gropius' Büro wieder Geschichte geschrieben werden sollte: mit dem Bauhausgebäude. Henry van de Velde hatte ihm 1919 die Nachfolge als Direktor der Großherzoglichen-Sächsischen Hochschule für Bildende Kunst in Weimar angetragen. Gropius nahm an, um die Schule auch gleich neu zu justieren, was Ausdruck in einem neuen Namen fand: „Staatliches Bauhaus in Weimar". Als 1925 der politische Druck zu groß wurde, verließen die Meister Thüringen. ─── Von der Stadt Dessau beauftragt und subventioniert wuchs in kurzer Bauzeit bis Ende 1926 das Bauhausgebäude, entworfen in Gropius' privatem Büro gemeinsam mit den engen Mitarbeitern ➲ *Carl Fieger* und Ernst Neufert. Drei funktional streng getrennte, derart unterschiedlich gestaltete und asymmetrisch angeordnete Baukörper bilden ein Ensemble, deren ineinandergeschobene, klare kubische Form gebauter Ausdruck war für die Intention der Schule, Ort interdisziplinärer Verknüpfung von Architektur, Design und Kunst zu sein: Da ist der vollständig verglaste, fast schwerelos wirkende dreigeschossige Flügel der Werkstatt, dann der lange, ebenfalls dreigeschossige für die Gewerbliche Berufsschule mit seinen durchgehenden Fensterbändern sowie das fünf Geschoss

hohe Ateliergebäude mit seinen weit auskragenden kleinen Balkonen. Dazu ein zweigeschossiger Brückenbau für die Verwaltung und Gropius' privates Büro sowie ein flacher Zwischenbau mit Aula samt Bühne und Mensa. Das alles war ungewohnt hell, weiß – und neu: die Glashülle des Werkstattflügels etwa, deren Transparenz das tragende, dem Industriebau entlehnte „Eisenbetongerippe" für jedermann offenbarte. ─── Zeitgleich wurden in einem lichten Kiefernwäldchen die Wohnhäuser der Bauhaus-Meister errichtet: drei baugleiche Doppelhäuser und ein einzelnes, freistehendes Gebäude für den Direktor Gropius. Die hellen, mit großzügigen Terrassen gestalteten Meisterhäuser – konzipiert aus unterschiedlich großen, ineinandergreifenden, teils verglasten kubischen Körpern – waren Vorboten einer noch vagen Idee von der industriellen Zukunft des Bauens nach einem „Baukastenprinzip", aus dem heraus seriell und kostensparend guter Wohnraum für alle zu schaffen sei: einem „Baukasten im Großen, aus dem sich je nach Kopfzahl und Bedürfnis der Bewohner verschiedene Wohnmaschinen zusammenfügen lassen".[25] ─── Ab 1926 entstand im Auftrag und auf Grund und Boden der Stadt Dessau eine in drei Bauabschnitten

realisierte Reihenhaussiedlung, für die Gropius mit seinem Büro erstmals diesen Leitsatz umsetzen konnte: 314 Häuser unterschiedlichen Typs mit angegliederten Nutzgärten zur Selbstversorgung. Törten war Teil eines staatlichen Versuchsprogramms für rationalisiertes und typisiertes neues Bauen, mit dem man der allgemeinen Wohnungsnot zu begegnen suchte. Man experimentierte mit vor Ort gefertigten Elementen und einer durchorganisierten Taktstraßen-Baustelle. Die Siedlung ist das größte, im Zusammenhang mit dem Bauhaus realisierte Bauvorhaben. Komplettiert wurde Törten durch ein 1928 nach einem Entwurf von Gropius gebautes Konsumgebäude, das in seiner Kombination von Flach- und Hochbau zu einer Landmarke wurde. —— Rationalisierung war auch Kerngedanke des Entwurfs für das Dessauer Amt für Arbeit, für das die Stadt Dessau einen beschränkten Wettbewerb ausgelobt und den Gropius 1928 gewonnen hatte. Der dem Industriebau nahe, gelb geklinkerte, flache und halbrunde Bau folgte in seiner inneren Organisation den vorgeschriebenen Arbeitsabläufen und bestach durch seine konsequente Besucherführung. Obwohl die Innenbelichtung durch das dreifach gestaffelte Sheddach und seine Luxferprismen op-

timal gewährleistet war, hatte man in den als introvertiert empfundenen Bau schon in den 1930er-Jahren Fensteröffnungen eingefügt, ein Schicksal, das er mit den Häusern der Siedlung Törten teilte, die nach und nach von ihren Eigentümern und Bewohnern umgebaut und teils völlig entstellt wurden. —— Ähnlich erging es nach Schließung des Bauhauses den Meisterhäusern, deren umgebaute Räume Mitarbeiter der Junkers-Werke bewohnten. Das Bauhausgebäude selbst war bereits fremdgenutzt, ehe die Glasfassade beim schweren Luftangriff im März 1945 ebenso zerstört wurde wie das Direktorenhaus und die Meisterhaushälfte Moholy-Nagy. —— Aufnahmen aus den nachfolgenden Jahren dokumentieren befremdlich verbaute, teils verwahrloste Gebäude. Erst in den frühen 1960er-Jahren besann man sich in der DDR auf das Bauhauserbe, 1976 folgte eine Rekonstruktion des Bauhausgebäudes, das nach der politischen Wende 1996 UNESCO-Status bekam und bis 2009 eine denkmalgerechte und energetisch umfassende Sanierung erfuhr. Heute ist es Sitz der Stiftung Bauhaus Dessau. Auch das Arbeitsamt, heute Amt für Ordnung und Verkehr, sowie die Meisterhäuser erhielten bis 1998 bzw. 2006 ihre alte Fassung zurück, letztere wurden

2014 zudem städtebaulich repariert (→ *Neue Meisterhäuser*) und sind Ziel des weltweiten Bauhaustourismus in der heutigen Doppelstadt Dessau-Roßlau. ──
Gropius war tatsächlich nur drei Jahre in Dessau. Sein weiterer Weg sollte ihn ab 1928 von Berlin ins Exil nach England, dann die USA und nach dem Krieg wieder zurück nach Deutschland führen. Sein Dessauer Erbe hat jedoch die Auffassungen von Architektur, Design und Kunst in der Welt epochal verändert.

7 BIBLIOTHEKEN AM BAUHAUS (2012)

Gropiusallee 34
Architekten: Reiner Becker, Architekten BDA, Berlin
Bauherr: BLSA, Dessau-Roßlau

8 WESTAUSGANG HAUPTBAHNHOF DESSAU, BAUHAUSUMFELD (2009)

Bauhausstraße, Seminarplatz, Schwabestraße
Architekten: mann landschaftsarchitekten, Kassel, mit Prof. Michael Mann, Architekt, BDA, Berlin
Bauherr: Stadt Dessau-Roßlau, Dessau-Roßlau

Mit der Neugestaltung des Bauhausumfeldes – beginnend am Westausgang des Dessauer Hauptbahnhofs bis zum Bauhausplatz – gelang es, aus einem ungepflegten Flickwerk aus Straßen und Wegen ein logistisch zusammenhängendes „Bauhausviertel" als gemeinsamen Campus zu formen. Dazu hatte die Stadt 2004 einen europaweiten Realisierungswettbewerb ausgelobt. Im Ergebnis führt nun eine gelungene Symbiose von Architektur und Landschaftsarchitektur die bis dato eher als Hinterausgang wahrgenommene Bahnhofsrückseite auf einen klar umgrenzten, quadratischen Platz mit einer bahnsteigähnlichen Überdachung. Leicht, holzverschalt und einladend bietet sie dem Reisenden Schutz und Licht. Bänke, Bäume und

Fahrradständer gehören zum Ordnungskonzept ebenso wie die einheitlichen Lichtstelen, die in die verkehrsberuhigten und neu gepflasterten Straßen über das Campusgelände bis zum Bauhaus führen.

1961 war eine Kaufhalle in ungewöhnlicher Kombination mit einem Tanzcafé als unmittelbarer Nachbar des Bauhauses entstanden. Seine großflächigen Verglasungen ließen es von je wie eine „kleine Schwester" der „Ikone der Moderne" wirken, griff doch ihr Architekt Hermann Rey auf zentrale Elemente der Bauhaus-Architektur zurück. In seiner Form klar und reduziert überstand das Haus mit einem flachen, vorn leicht überkragenden Pultdach langen Leerstand und steht heute wieder als ein gutes Stück Ostmoderne selbstbewusst in der Gropiusallee. Seine Seitenfronten sind geschlossen, nach vorn indes geschrägt, so entsteht im Zusammenspiel von Hülle und Fensterfront der Eindruck von einem Guckkasten, in den man heute auf neue Nutzer schauen kann: die fusionierten Bibliotheken der Hochschule Anhalt und der Stiftung Bauhaus, die zusammen mit einer neu angefügten, eckgerundeten und teils hinterleuchteten weißen „Bücherbox" ein neues Ensemble formen.

9 NEUE MEISTERHÄUSER (2014)

Dessau-Roßlau, Ebertallee 59–71
Architekten: Bruno Fioretti Marquez Architekten, Berlin
Bauherr: Stadt Dessau-Roßlau, Dessau-Roßlau

Der Weg bis zum Mai 2014, als die weltberühmte, UNESCO-geschützte Dessauer Meisterhaussiedlung wieder komplett und für den weltweiten Bauhaus-Tourismus zu besichtigen war, mag lang gewesen sein. Aber an seinem Ende steht ein „eigenständiger Beitrag in der Rekonstruktionsdebatte"[26], eingebracht von zwei Italienern, Donatella Fioretti und Piero Bruno, sowie dem Argentinier José Gutierrez Marquez, die seit 1995 gemeinsam ihr Architekturbüro in Berlin betreiben. ▬ Als ein Bombeneinschlag einen Monat vor Kriegsende am 7. März 1945 das einstige Haus des Bauhaus-Direktors Walter Gropius und die Haushälfte Moholy-Nagy zerstört hatte, fehlten der aus einem Einfamilienhaus und drei Doppelhäusern 1926 gebauten Gebäudefamilie nicht nur wichtige ihrer Teile. Bereits seit der Schließung des Bauhauses in Dessau 1932 und dem Weggang seiner Meister war das ➔ *Meisterhausensemble* massivem Umbau ausgesetzt gewesen. ▬ Rettung für das Bauhauserbe nahte nach der politischen Wende. 1994 begann eine denkmalgerechte (von verschiedenen Architekten qualitativ unterschiedlich ausgeführte) Sanierung der kubischen Bauten, diesem gebauten Dokument des Gropius'schen Strebens von einem „Baukasten im Großen" (Verwendung normierter Bauteile mit Spareffekt bei Produktion und Bau), deren klare Schönheit und moderne Eleganz mit Abschluss der Arbeiten 2002 wieder zum Vorschein getreten war. ▬ Spätestens jetzt wurde der Ruf nach dem Verlorenen laut und es begann ein langer, zermürbender Diskussionsprozess, „der neben einem originalgetreuen Wiederaufbau der Häuser von 1926 auch immer wieder den Erhalt des ... (1956 auf dem Fundament des Direktorenhauses erbauten) Hauses Emmer einschloss"[27]. Waren die Ergebnisse eines ersten, 2008 durchgeführten Architektenwettbewerbs nicht weiterver-

folgt worden, erfüllte endlich das Sieger-
konzept eines im Frühjahr 2010 erneut
durchgeführten Verfahrens die von der
Stadt Dessau-Roßlau vorgegebene,
schwierige Aufgabe einer „städtebaulichen Reparatur". Überzeugt hatte der
Kunstgriff einer „Präzision der Unschärfe". —— Wie durch halb geschlossene
Augen kann der Betrachter das Hausen-
semble in seiner Geschlossenheit nun
wieder wahrnehmen, sind das Einzelhaus
und die fehlende Haushälfte wieder auf-
erstanden, dafür umbauter Raum, die
„Hülle", und seine Fensteröffnungen
exakt wieder dort, wo man sie vor ihrer
Zerstörung vorfand. Jedoch: Fassaden
aus gegossenem Dämmbeton, blind-
opake Fenster aus bündig in die Wände
eingelassenen „Senkgläsern", das Fehlen
jeglicher Details – eine radikale Reduk-
tion beherrscht die Bauten, die in ihrem
Innern eine Geschoss übergreifende
skulpturale Struktur offenbaren. So fehlen mitunter Raumdecken, Wände und
Türen, sind Grundrisse aufgelöst, hingegen öffnen sich unvermittelt Galerien und
Austritte. Die Abstraktion appelliert an
die Erinnerung des Verlorenen. Einzig
gestaltet sind künstlerisch die Wandflä-
chen mit „Le pigment du lumiére" (Olaf
Nicolai, Berlin), einem „subtilen Spiel
von Licht und Schatten" , dem man im

als Besucherzentrum angelegten Haus
Gropius sowie der als Erweiterung des
Kurt-Weill-Zentrums gestalteten Meisterhaushälfte Moholy-Nagy folgen kann.
Wiederhergestellt ist auch das einzige,
1970 abgerissene Bauwerk Mies van der
Rohes in Dessau: die kleine Trinkhalle an
der Ostspitze der Siedlung samt der Einfriedung.

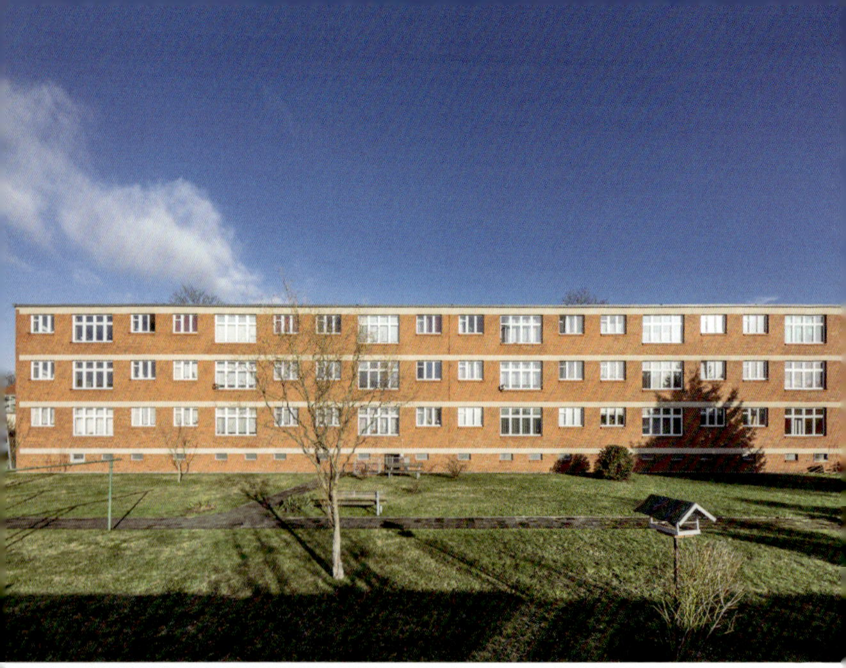

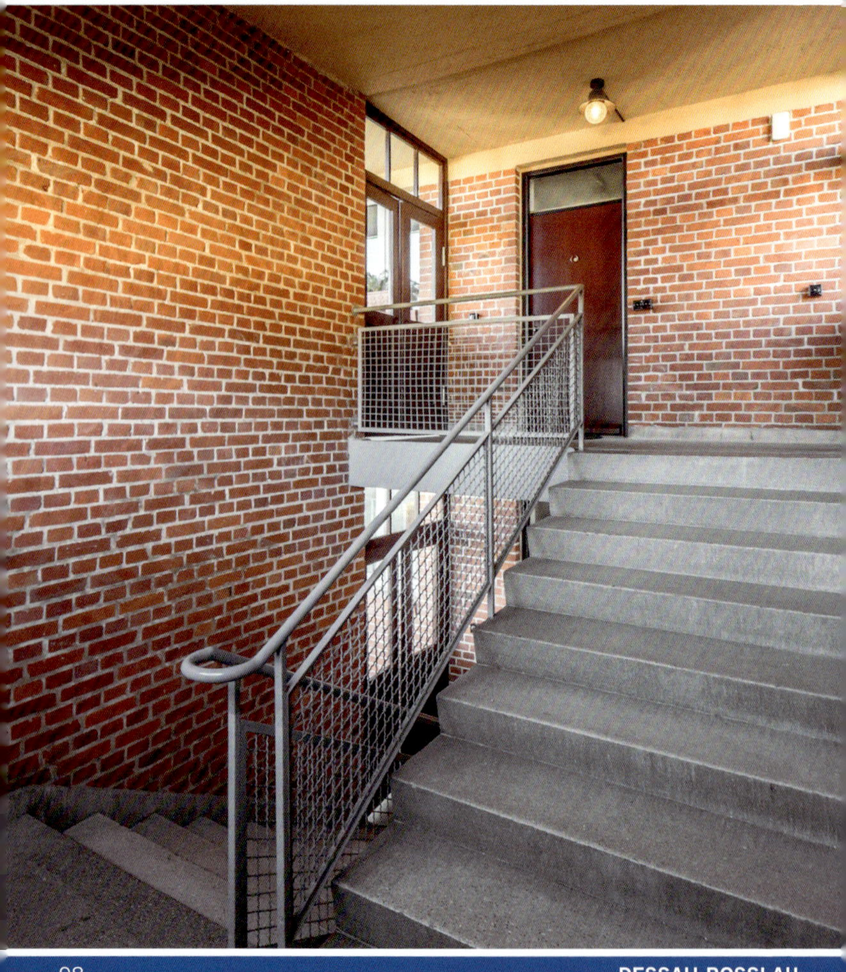

HANNES MEYER (1889–1954)

10 LAUBENGANGHÄUSER (1930), Peterholzstraße 40, 48, 56, Mittelbreite 6, 14

Sie zählen zu den (noch) eher unbekannten Bauhaus-Ikonen: die Laubenganghäuser des Architekten und Stadtplaners Hannes Meyer, der von 1928 bis 1930 in Nachfolge von ➜ *Walter Gropius* Direktor des Dessauer Bauhauses war. Seit Juli 2017 zählen die fünf in Erweiterung der Siedlung Törten entstandenen Häuser zum UNESCO-Welterbe – eine Auszeichnung, die das avantgardistische Wirken des Schweizers nachhaltig unterstreicht. — Der war nach erfolgreichem Bau seiner Genossenschaftssiedlung Freidorf in Muttenz (Schweiz) und vielbeachteten, gemeinsam mit Hans Wittwer vorgelegten konstruktivistischen und funktionalistischen Wettbewerbsentwürfen von Gropius als „Meisterarchitekt" ans Bauhaus berufen worden. Hier hatte er zunächst ab 1927 die neugegründete Architekturabteilung geleitet, ehe er den Chefsessel angeboten und damit die Chance bekam, das Bauhaus umzustrukturieren. — Er forderte in der Lehre eine stärkere „Verwissenschaftlichung der Methodik"[28] sowie eine Rückbesinnung – sein Motto: „Volksbedarf statt Luxusbedarf". Er führte den Gedanken der Kooperative in den Werkstätten und sogenannte „Studienzellen" ein, die unter seiner Anleitung für die Spar- und Baugenossenschaft Dessau in Törten planten: dreigeschossige Gebäude mit je 18 Zweieinhalb-Zimmer-Wohnungen mit vorgelagerten Treppenaustürmen und Laubengängen als Zugang. — Meyer war Sozialdemokrat, stark linksorientiert und als Stadtplaner der Genossenschaftsbewegung eng verbunden, was 1930 mit dem Erstarken des Nationalsozialismus hochgefährlich und der Abwendung von politischem Schaden für das Bauhaus Grund für seine Entlassung als Direktor war. Hoffnungen, die er aus Überzeugung in seine Umsiedlung 1930 in die Sowjetunion gesetzt hatte, erfüllten sich nicht.

CARL FIEGER (1893–1960)

11 KORNHAUS (1930), Kornhausstraße 146
12 HAUS FIEGER (1927), Südstraße 6

Wie ein auf Land fahrender Ausflugs-
dampfer – so lugt das hell-weiße Gast-
stättengebäude des „Kornhauses" hinter
dem deichgeschützten Elbufer hervor.
1930 war es als Ausflugslokal an der
Stelle eines früheren Getreidespeichers
eröffnet worden. Das aus mehreren quaderförmigen Baukörpern errichtete Haus
mit dem verglasten, fast schwebend wirkenden Terrassenhalbrund als dessen
Bug entstand im Ergebnis eines vom
Magistrat und einer Brauerei ausgelobten
Wettbewerbs. Zwei 2. Preise waren damals vergeben, der Ankauf jedoch gebaut
worden: Carl Fiegers „Am Wasser"[29],
eine freiberufliche Arbeit des in ➜ *Walter Gropius* privatem Dessauer Baubüro
arbeitenden „Chefzeichners und Zeichners für Bauausführung"[30]. —— Bis
heute wird der Architekt und Designer
Carl Fieger vornehmlich als Gropius'
„zeichnerische Hand"[31] wahrgenommen.
Dabei nahm er maßgeblich Einfluss auf
die Entwürfe des Bauhauses, der Meisterhäuser, der Siedlung Törten oder des
Amtes für Arbeit. Sein Wohnhaus, das
„Haus Fieger", (1927) sowie das „Korn-

haus" (1930) hingegen – sie unterliegen
gesichert allein seiner Urheberschaft.
—— Fieger stammte ursprünglich aus
Mainz und hatte an der dortigen Kunstgewerbeschule studiert. Seinen, das
gesamte Lebenswerk prägenden „ge-
samtkünstlerischen Ansatz"[32] in einer
„Synthese von Architektur, Inneneinrich-
tung und Natur"[33] nahm er sich bereits
während seiner ersten Anstellung ab
1911 im Architekturbüro Peter Behrens
an. In Neubabelsberg (Potsdam) sollte
er auf spätere Architekturgrößen wie
Ludwig Mies van der Rohe, Le Corbusier
– und Walter Gropius treffen. Letzterem
folgte er 1920 nach Weimar und mit
Umzug des Bauhauses 1925 nach
Dessau, wo er neben seiner Arbeit in
dessen privatem Bauatelier ab 1927
auch nebenberuflich an der Bauabtei-
lung des Bauhauses lehrte. —— Das
„Haus Fieger" ist sein realisierter Traum
von standardisierten, in neuen Materia-
lien und Bauweisen errichteten Klein-
häusern mit hochflexiblen Grundrissen.
Einbauschränke, baukastenartige Möbel,
aber auch solche aus Stahlrohr waren

allesamt nach seinen Entwürfen in den Bauhauswerkstätten gefertigt, die Fassade grellgelb, dazu die Fensterrahmen und Türen kobaltblau gestrichen worden. —— „Haus Fieger" ist privatisiert und nicht zu besichtigen. Den Intentionen des Architekten, Designers und exzellenten Zeichners Fieger kann man indes gern im „Kornhaus" folgen, für das er mit großer Leidenschaft ebenso jedes noch so kleine Baudetail, dazu extravagante Farb- und Materialkombinationen für Wände wie Möbel entwarf. Eine denkmalgerechte Sanierung im Jahr 1996 erlaubt dem Besucher heute eine Reise in den regen Geist jener Zeit. —— Dass Fieger mit fast 60 Jahren als wissenschaftlicher Mitarbeiter an der Deutschen Bauakademie Berlin federführend den ersten Plattenbau der DDR entwickelte und sich so eine lose Spange zum Anliegen des Bauhauses – eines rationalisierten, seriellen Bauens von preiswertem und gesundem Wohnraum für jedermann – in seinem Leben schloss, sei ergänzend erwähnt.

RICHARD PAULICK (1903–1979)

13 STAHLHAUS (1927), Südstraße 5

Er erdachte gemeinsam mit dem Bauhäusler Georg Muche das Stahlhaus in Dessau-Törten, war unter ➔ *Walter Gropius* an der Planung des hiesigen Amtes für Arbeit sowie an der zweiten Bauphase der Siedlung Törten beteiligt und leitete nach dessen Weggang im Frühjahr 1928 das private Bauatelier in Dessau bis zum Abschluss der laufenden Projekte im Jahr 1929 weiter. —— Richard Paulick war damals nah dran am Bauhaus, den Bauhausmeistern und ihren Idealen von einem neuen Wohnungs- und Städtebau. Exemplarisch steht dafür das 1927 im Auftrag der Stadt Dessau in vertikal verbauten Stahltafeln errichtete Metall-Typenhaus: zwei unterschiedlich hohe kubische Baukörper, die sich zu einem Ganzen fügen und dabei ineinanderzuschieben scheinen. Raumhohe Fensterbänder gewährleisten optimalen Lichteinfall in ein mit 90 Quadratmetern fast komfortabel großes Gebäude, das massenhaft industriell gefertigt und flexibel erweiterbar sein sollte. Es blieb jedoch bei diesem Einzelhaus in den Fassadenfarben Schwarz, Weiß und Grau. Nur wenige Meter vom Bauhaus entfernt stehen übrigens zwei im Büro Gropius 1928 entstandene Frühwerke Paulicks: die Häuser „Nauraht" und „Hahn" im Kiefernweg 13/14. —— Der in Roßlau geborene Paulick hatte bei Hans Poelzig in Dresden und später bei ihm weiter in Berlin studiert, wohin er Gropius 1929 gefolgt war, schließlich dort 1930 sein eigenes Büro gründete – und wieder schloss, um mit Machtergreifung der Nationalsozialisten 1933 nach China zu emigrieren. Er wurde unter anderem Leiter des Stadtplanungsamtes in Shanghai und nach seiner Rückkehr 1950 in die junge DDR unter anderem der Architekt des „Abschnitts C" der Berliner Stalin-, heutigen Karl-Marx-Allee. Er baute die kriegszerstörte Deutsche Staatsoper Unter den Linden wieder auf und war Chefarchitekt in Hoyerswerda, in Schwedt und für die als sozialistische Modellstadt gefeierte Halle-Neustadt. Ein großer Protagonist seiner Zeit.

KURT ELSTER (1892–1979)

14 AOK-VERWALTUNGSGEBÄUDE (1930), Wallstraße 20
15 SCHADE-BRAUEREI (1928), Hobuschgasse
16 KAMERADSCHAFTSHAUS DER ZUCKERRAFFINERIE (1936),
Johann-Meier-Straße 12

Wenig, viel zu wenig ist bekannt über den in Zerbst geborenen Architekten Kurt Elster, der ab 1922 überwiegend in Dessau wirkte. Elster war ein scharfer Kritiker der Bauhäusler und dennoch, das zeigen seine Bauten, ein Modernist, der seinen Weg von der Heimatschutzarchitektur und den Art déco hin zum Neuen Bauen fand. ▬ In der überlieferten Chronologie seines Gesamtwerkes stehen zunächst traditionell-regionaltypisch geprägte Gebäude mit schon teils expressionistischen Formelementen für die Siedlung „Hohe Lache" (ab 1921), danach die Neugestaltung der Sparkasse in der Poststraße, markant: ein Eingang als Drillingstor sowie ein Turm als Höhendominante mit expressiv-sternförmigem Dachaufbau (1922, verändert erhalten). Daneben ist der Umbau des abgebrannten „Alten Theaters" zum hochbeliebten Café „A-The" mit Konzertsaal samt Straßenzug „Theaterbau" in einer Synthese zwischen Neuem Bauen und Expressionismus (1927) nur auf Fotos zu sehen (1944 kriegszerstört). ▬ Im gleichen Jahr wurde in unmittelbarer Nähe das AOK-Verwaltungsgebäude eröffnet, das Elster kompromisslos-nüchtern plante – und mit Licht baute: Glasbausteine gestalteten den Eingangsbau ebenso wie den 370 Quadratmeter großen Schalterraum, en vogue waren die darüberliegenden Wohnungen ausgestattet. Das Haus überstand Krieg und Nachkrieg, war jedoch bestandsgefährdet. 2008 gelang seine Rettung als moderner Umbau zu einem Sport- und Kurshaus, das den Namen seines Urhebers „Kurt Elster" trägt. Eine moderne Sporthalle verbindet es zum Dessauer Gymnasium Philanthropinum. ▬ Elsters sachlich-funktionaler Stil prägte 1928 zudem den Um- und Neubau der Schade-Brauerei (gegenwärtig nach langem Leerstand in Entwicklung) und 1937 das „Kameradschaftshaus" der Zuckerraffinerie (ruinös).

LEOPOLD FISCHER (1901–1975)

17 KNARRBERGSIEDLUNG (1926–1929), Dessau-Ziebigk

Der 1901 in Bielitz (Schlesien) geborene Leopold Fischer steht exemplarisch für das Schicksal jener, die sich in Deutschland mit Machtübernahme der Nationalsozialisten zunehmend massiver Verfolgung ausgesetzt sahen. Nach acht Arbeitsjahren im anhaltischen Dessau und dem Versuch einer Selbständigkeit ab 1933 war er gezwungen, 1936 in die USA auszuwandern. Er rettete damit zwar sein Leben, jedoch die Erinnerung an sein Werk einer „anderen Moderne", die sich einem Neuen Bauen in der Siedlungsplanung verpflichtet sah, hat das Exil aus dem Blick geraten lassen. —— Leopold Fischer kam über Wien nach Dessau, wo er bis 1924 die private Bauschule des Adolf Loos besucht hatte. Ab 1925 arbeitete er zwei Jahre im Bauhaus-Atelier von ➔ *Walter Gropius*, mit dem er sich jedoch überwarf. Als Chefarchitekt des sozialdemokratisch orientierten Anhaltischen Siedlungsverbands (bis 1931) entwarf er gemeinsam mit dem Wiener Gartenarchitekten Leberecht Migge in Dessau-Ziebigk die Selbstversorger-Siedlung „Knarrberg": 183 entlang von drei Parallelstraßen angeordnete, zweigeschossige Reihenhäuser mit rückwärtigen Gärten. —— Ihre moderne Bauform mag innovativ gewesen sein. Innovativer war – und das in „direkter Konfrontation zu der von Walter Gropius in Dessau-Törten errichteten Bauhaussiedlung"[34] (die Fischer übrigens 1929 erweitern durfte) – ihre konsequent ökologische Ausrichtung. Dieser Ansatz wirkt bis in die Gegenwart beispielhaft und ist auch in Bernburgs sehenswert-eigenwilliger Siedlung „Zickzackhausen", heute „Anton-Saefkow-Siedlung", 1928/29 von Fischer realisiert.

18 BAUHAUS MUSEUM

Kavalierstraße (Mies-van-der-Rohe-Platz 1)
Architekten: González Hinz Zabala, Barcelona
Bauherr: Stiftung Bauhaus Dessau, Dessau-Roßlau
Fertigstellung: voraussichtlich 2019

Mitten in Dessaus Innenstadt und damit an touristisch-strategisch wichtiger Stelle wird im Stadtpark gegenwärtig das Bauhaus Museum gebaut. Lange schon war es Wunsch der Stiftung Bauhaus, die rund 44.000 Exponate umfassende und damit zweitgrößte Bauhaus-Sammlung der Welt dauerhaft und unter bestmöglichen konservatorischen Bedingungen der Öffentlichkeit präsentieren zu können. Nach einem im Jahr 2015 weltweit offenen, zweiphasigen Realisierungswettbewerb, 831 eingereichten Arbeiten in der ersten Phase und der Entscheidung der Bauherrin Stiftung Bauhaus Dessau für einen der beiden ersten Preise rückt die Verwirklichung dieses großen Traums seither in sicht- und greifbare Nähe. —— Umgesetzt wird jener Vorschlag, der das Erbe des Bauhauses beim Wort und einen klaren, quaderförmigen Baukörper als Ausgangspunkt für die Umsetzung der Wettbewerbsaufgabe genommen hatte, einen „schwebenden Riegel aus Stahl in einer gläsernen Hülle"[35], oben schnörkellosschwarz, unten transparent-einladend. Genau diese Konzeption hatte schließlich überzeugt: eine Haus-in-Haus-Lösung, die mit ihrer Intention eines offenen Foyers zum Stadtpark – und damit zur Stadt – sowie einer „Blackbox" als hochflexibler Ausstellungskörper für die Präsentation der wertvollen Sammlung im ersten Obergeschoss einen ganz eigenen Charme entwickelt. Und eine starke Brücke schlägt, vom Stadtzentrum zum westlich und jenseits der Bahntrasse gelegenen Bauhausgebäude. —— Ziel ist die Eröffnung im Jahr 2019 zum 100. Bauhaus-Geburtstag – ein Geschenk, das die auch über 70 Jahre nach Ende des Zweiten Weltkriegs noch immer von städtebaulichem Nachholbedarf gezeichnete Bauhausstadt Dessau-Roßlau wirklich gut brauchen kann.

SEHENSWERTES
AUF DEM WEG (AUSWAHL)

DESSAU-ROSSLAU

Schloss und Schlossgarten Mosigkau, Knobelsdorff-allee 2–3, OT Mosigkau

Kühnauer Landschaftspark, Schloss und Schlossgarten Großkühnau Burgkühnauer Allee

Schloss Georgium, Georgen-garten und Beckerbruch, Puschkinallee 100

Schloss und Park Luisium, Schloss Luisium

Y-Hochhäuser (1969–1972), Wulf Brandstädter, Friedrich-straße 17, 25 / Willy-Lohmann-Straße 26

Campus 2000 der Hochschule Anhalt: Hörsaal- und Seminargebäude (1998), Architekten Wick + Partner GbR **Mensa, Hörsaalzentrum, Institut für Vermessung, Institut Architektur, Institut Management und Bauphysik** (2001/2002), Kister Scheithauer Gross Architekten + Stadtplaner, Bauhausstraße, Seminarstraße, Seminarplatz

Umweltbundesamt – UBA (2005), sauerbruch hutton architekten, Wörlitzer Platz 1

ORANIENBAUM-WÖRLITZ

Sieglitzer Berg OT Vockerode

Landschaftspark Wörlitz OT Wörlitz

Schloss und Schlossgarten Oranienbaum Schlossstraße, OT Oranienbaum

Kraftwerk (1954), Griesener Straße, OT Vockerode

LUTHERSTADT WITTENBERG

Blick vom Schlossturm auf die Stadt

Man könnte meinen, Wittenbergs Geburtsstunde läge im 16. Jahrhundert, genauer: im Jahre 1517 mit dem die Reformation auslösenden Thesenanschlag. Mit ihm sollte die Elbestadt auf die Bühne der Weltgeschichte treten. Tatsächlich aber hatte Wittenberg bereits seit 1293 Stadtrecht. Ihr Schicksal war eng mit dem des Adelsgeschlechts der Askanier verbunden, als sächsische Herzöge regierten sie das Land. Nachdem der erste Kurfürst von Sachsen, Rudolf I. von Sachsen-Wittenberg, 1356 verstorben war, ließ sich sein Sohn Rudolf II. auf dem Fürstengericht in Metz gegen die Rechtsansprüche der Sachsen-Lauenburger alle eigenen Privilegien nochmals bestätigen. Als Kurfürst zählte Rudolf II. damit zu den auserwählten Sieben, die den Kaiser wählen durften und zu den vornehmsten Würdenträgern des Heiligen Römischen Reiches Deutscher Nation. Und das Wittenberg jener Zeit war seine mittelalterliche Metropole. —— Dass die Gebeine jenes Rudolf nebst denen seiner Gemahlin und Tochter 2009 überraschend bei archäologischen Grabungen auf dem Areal des früheren Franziskanerklosters am Arsenalplatz zutage traten, hat alle, am meisten jedoch die Stadt und ihre Planer überrascht, die sich gerade anschickten, an eben jener Stelle ein neues Veranstaltungshaus bauen zu wollen. Heute kann der Besucher in einer der alten Klosterkirche nachempfundenen ➔ Historischen Stadtinformation als Teil des neuen, einem frischen Architekturstil verpflichteten ➔ Zentralen Besucherempfangs dieser hochspannenden Stadt- und Landesgeschichte nachspüren, und das an jenem Ort, an dem der Kurfürst und seine Familie auch wieder zur letzten Ruhe finden durften. —— Das moderne Quartier gibt einem ➔ Stadthaus mit Konferenz- und Festsaal, einer ➔ Stadtinformation und dem ➔ Ratsarchiv neuen Raum. Und schloss damit eine alte Wunde auf der schon seit den Zerstörungen im Siebenjährigen Krieg freien Fläche des mitten in der Stadt liegenden Arsenalplatzes, die ab 1815 die Preußen und nach 1945 bis 1992 die Sowjetischen Streitkräfte militärisch genutzt hatten und damit fern jeglichen städtischen Lebens war. —— Wie das zu jener Zeit aussah, als der Augustinermönch Martin Luther im September 1508 nach Wittenberg kam, um seine Lehrtätigkeit an der sechs Jahre zuvor eröffneten landesherrlichen Universität Leucorea anzutreten, ist überliefert: Sie war klein und zählte laut

Luthergarten

den Steuerlisten 392 Häuser. Hochgerechnet hatte die Stadt gerade 2.200 Bewohner. Dazu kamen wohl rund 500 Studenten. Das war aber nichts im Vergleich zum pulsierenden Erfurt, aus dem Luther damals angereist war – und 36 Jahre bleiben sollte. So dichtete er 1545: „Wittenberg, die kleine arme Stadt, einen großen Namen itzund hat ...". Den sollte sie sich erst „erarbeiten". Maßgeblichen Impuls dafür gab der junge Friedrich III., den die Nachwelt den „Weisen" nennen sollte. ⸺ Er war den Wissenschaften und schönen Künsten zugetan und offen für die hippen Strömungen jener Zeit, die u.a. aus dem mächtigen Florenz der Medicis herüberkamen. Und so gefiel es dem erst 26-Jährigen, die bis dahin eher beschauliche Elbestadt zu seiner macht- und prachtvollen Residenz auszugestalten, baute ab 1489 sein renaissancegeprägtes ➜ *Schloss*, gründete 1502 die Universität, die mit ihren, den Geist einer neuen Zeit lehrenden Professoren Martin Luther und Philipp Melanchthon weit in das Europa jener Zeit ausstrahlte, und brachte Wittenberg zum Erblühen. Mit dem mutmaßlichen Thesenanschlag Luthers am 31. Oktober 1517 an die Pforte der ➜ *Schlosskirche*, die zugleich Universitätskirche war, wurde

Wittenberg zum Zentrum der Reformation und zog Studenten, Wissenschaftler und Künstler magisch in den Bann. ⸺ Der Maler Lucas, den Friedrich 1505 aus Kronach (fränkisch: Cranach) geholt hatte und der in den ➜ *Cranach-Höfen* späterhin wohnte und wirkte, stattete mit seiner hohen Kunst nicht nur Schloss und Kirche aus. Er gab mit seinen lebensnahen Porträts – vervielfältigt in den Druckerstuben wie der des Hans Lufft, dem „Bibeldrucker", – der Reformation ein Gesicht. Gemeinsam leisteten sie so dieser ersten großen Medienrevolution Vorschub, während derer sich das Wort der Reformation wie ein Lauffeuer unterm Volk verbreitete. ⸺ Beide Cranachs, der Ältere und sein gleichnamiger Sohn, malten den berühmten „Reformationsaltar" für die ➜ *Stadt- und Pfarrkirche St. Marien*, der Mutterkirche der Reformation. Cranach lehnte aber auch nicht ab, als ihn die Anfrage Kardinal Albrechts von Brandenburg (bekannt als „Luthers Gegenspieler") zur künstlerischen Ausgestaltung seines ➜ *Domes* in Halle an der Saale erreichte: mit 142 Bildern auf 16 Altären der größte, jemals ausgelöste Gemäldeauftrag der deutschen Kunstgeschichte. ⸺ Das Augustinerkloster, 1504 am östlichen Stadtein-

Wittenberger Schloss

gang erbaut, war nach dessen Auflösung im Jahr 1532 Martin Luthers vom Kurfürsten überschriebenes Wohnhaus, es ist seit 1883 das größte reformationsgeschichtliche Museum der Welt: das ➲ *Lutherhaus*. Nach Luthers Tod ging das Gebäude an die Universität, wurde Stipendiatenhaus und ab 1581 um ein Vorderhaus ergänzt, das in Erinnerung an den Förderer der Universität August I. von Sachsen ➲ *Augusteum* heißt. —— Beide, Lutherhaus und Augusteum, stehen heute unter Obhut der Stiftung Luthergedenkstätten in Sachsen-Anhalt, die sich – ganz im Sinne der Förderung der Baukultur im Land – stets für mutige neue Architektur bei der Ergänzung ihrer anvertrauten wertvollen Gebäude und zugehörigen Freiflächen und Gärten entschied. Ungezählte Preise gab es für so viel Engagement: u.a. für den neuen Zugang zum Lutherhaus – den Lutherturm – , für den für den Umbau des Augusteums zum Ausstellungshaus samt seines neuen Entrees, einer leichten, ganz aus Glas der alten Stadtmauer vorgestellten Pergola, oder für die Erweiterung des ➲ *Melanchthonhauses*, dem man einen modernen „dienstbaren Nachbarn" zur Seite stellte. —— Während das Melanchthonhaus unversehrt die Gegenwart

erreichte, war des Friedrichs Schloss durch Beschuss und Feuer in nachfolgenden Kriegen zerstört und seiner ursprünglichen Schönheit beraubt worden. Die Preußen funktionierten ab 1815 das Überkommene zu einer Zitadelle im ausgebauten Festungsgürtel der Stadt um, später war das große, inzwischen gänzlich unansehnliche Haus in vielfältiger Nutzung ohne Engagement für seinen Substanzerhalt. —— Zwei Worte haben zum 500. Reformationsjubiläum dem Schlosskirchenensemble neues Leben eingehaucht: Möglichkeit und Mut. In einem Gemeinschaftswerk von Land, Stadt, Kirche und Lutherstiftung sind die Reformationsgedenkstätten Wittenbergs „juristisch und tatsächlich" neu geordnet und die baulichen Protagonisten – Augusteum und Schloss – saniert, umgebaut und zeitgenössisch ergänzt worden. —— Höchst sehenswert präsentiert sich seither das Schloss als neuer Sitz u.a. der Reformationsgeschichtlichen Forschungsbibliothek sowie des Evangelischen Predigerseminars, das hier zudem in einem neu gebauten ➲ *Südflügel*, dem Christine-Bourbeck-Haus, Unterkunft für seine angehenden Vikarinnen und Vikare fand. Die Schlosskirche, bereits seit 1892 der

Neuer Eingangsbereich zur Schlosskirche

reformatorischen Erinnerungskultur gewidmet, erfuhr eine umfassende Sanierung, die den Besucher ob der vielen wieder erlebbaren historischen Details – wie einer illusionistischen Vorhangmalerei – in atemloses Staunen versetzt. —— Neben jenen frühen Geschichten, die sich um den Kurfürsten Rudolf II. und den Reformator Martin Luther ranken, weiß die Elbestadt aber noch eine ganz andere zu erzählen: die nämlich eines ungebremsten städtischen Wachstums, das in der Mitte des 19. Jahrhunderts mit Industrialisierung und Eisenbahnanschluss einsetzte. Sprengstoff- und Maschinenbauwerke, Eisengießereien und Gummifabriken wurden gegründet, im Ortsteil Piesteritz entstand kriegsbedingt 1915 das Reichsstickstoffwerk. —— Für die überwiegend aus Bayern stammenden Arbeiter baute ➲ *Otto Rudolf Salvisberg* ab 1916 bis 1926 in unmittelbarer Nähe eine Gartenstadt: die ➲ *Werkssiedlung Piesteritz*. Originalgetreu saniert und autofrei setzt die „Stadt in der Stadt" mit dem Städtebau ihrer Reihenhäuser bis in die Gegenwart Zeichen für einen menschengerechten Siedlungsbau. —— Auch die Arado-Flugzeugwerke GmbH ließ 1937 für ihre Mitarbeiter des in Wittenberg ge-

bauten Zweigwerkes eine Siedlung errichten, Bauherr für die insgesamt 444 Wohnungen in den dreigeschossigen, mit Satteldach gedeckten Häusern war die Gemeinnützige Aktiengesellschaft für Angestellten-Heimstätten Gagfah, woher das vor einigen Jahren sanierte Quartier auch seinen Namen „Gagfah–Siedlung" schöpft. —— In diesem nordöstlich der Altstadt gelegenen Stadterweiterungsgebiet wurde denn zur Vergnügung der Bewohner 1937 auch ein ➲ *Kino*, das Großfilmtheater „Central", gebaut. Dass dessen Architekt ➲ *Carl Fugmann* viele weitere sehenswerte Filmpaläste im Stil einer Neuen Sachlichkeit in Sachsen-Anhalt schuf, so in Aschersleben, Weißenfels oder Zeitz, ist den Wenigsten bekannt. —— Während der Zeit der DDR etablierte sich Wittenberg als Chemiestadt – und die Chemie bestimmte mitten im altstädtischen Zentrum das bauliche Bild: 1960 wurde gegenüber der Wittenberger Schlosskirche ein Werbe- und Ausstellungspavillon (Architekt: Erwin Zink) für die Erzeugnisse des Piesteritzer Stickstoffwerkes errichtet, der in seiner klaren Form an die besten Traditionen der Moderne anzuknüpfen suchte. —— Von der waren die Plattenbausiedlungen weit entfernt, die am

Schlossstraße

Bugenhagenhaus

Hundertwasserschule

Stadtrand wie Pilze aus dem Boden schossen und mit der man die angespannte Wohnungssituation vieler Wittenberger zu lösen suchte. Währenddessen verfiel zusehends die wertvolle Altstadt. Hochgefährdet waren auch die Cranach-Höfe. Sie wurden zum Schauplatz des bürgerbewegten Protests, der hier u.a. die politische Wende einläuten sollte und ohne die es im vergangenen Vierteljahrhundert all die Veränderungen im Stadtbild – durch Stadtsanierung und Stadtumbau, durch Beteiligung an der IBA Stadtumbau Sachsen-Anhalt 2010 und durch die Vorbereitung des großen Jubiläums 500 Jahre Reformation – nicht gegeben hätte. —— Von einem neuen, dem erst zweiten grünen ➜ *Bahnhof* Deutschlands aus strömten im „Reformationssommer 2017" tausende Besucher in eine wiedergeborene Stadt mit ihren beiden, von sanierten Bürgerhäusern reich gesäumten Hauptstraßen und dem Markt, den plätschernden Stadtbächen und all den Lutherstätten mit den ihn angegliederten neuen Bauten und Gärten. —— Umarmt wird das alles von einem wiedererweckten Gartendenkmal: dem Stadtpark, einem grünen Ring um die Stadt, der seit 1878 die niedergelegten Befestigungswälle befriedet. Hier fand man

sich zur „Weltausstellung Reformation" ein, traf, disputierte und erholte sich – auch unter den 500 neu angepflanzten Bäumen eines ➜ *Luthergartens*, der auf den Ausspruch Martin Luthers und die göttliche Gnade im irdischen Leben verweist: „Wenn ich wüsste, dass morgen die Welt unterginge, würde ich heute noch ein Apfelbäumchen pflanzen".

1 LUTHERHAUS | AUGUSTEUM

Collegienstraße 54–62c
Bauherr: Stiftung Luthergedenkstätten in Sachsen-Anhalt, Lutherstadt Wittenberg

A AUGUSTEUM, SANIERUNG UND UMBAU (2015)
Architekten: BHBVT Gesellschaft von Architekten mbH Berlin
Busmann Haberer Bohl Vennes Tebroke, Berlin

AUSZEICHNUNG **16**
ARCHITEKTURPREIS
DES LANDES SACHSEN-ANHALT

LUTHER! 95 MENSCHEN – 95 SCHÄTZE,
NATIONALE SONDERAUSSTELLUNG (2017)
Architekten: complizen Planungsbüro, Halle (Saale)/anschläge.de, Berlin

B EINGANGSHALLE LUTHERHAUS (2003)
Architekten: Pitz & Hoh Werkstatt für Architektur und
Denkmalpflege GmbH, Berlin

04
ARCHITEKTURPREIS
DES LANDES SACHSEN-ANHALT

C HOFGESTALTUNG (2018)
Architekten: DÄRR LANDSCHAFTSARCHITEKTEN, Halle (Saale)

D LUTHERANNNEX – SCHUTZDACH ÜBER GRABUNGSGELÄNDE (2010)
Architekten: Tillner & Willinger ZT GmbH, Wien, mit Schlaich Bergermann +
Partner, Stuttgart

E GARTEN (2006)
Architekten: RoosGrünPlanung, Denstedt

F CAFÉ VON BORA (2006)
Architekt: Prof. Mara Pinardi BDA, Berlin

G LUTHERHAUS

H VERWALTUNG

I RESTAURANT „VON BORA"

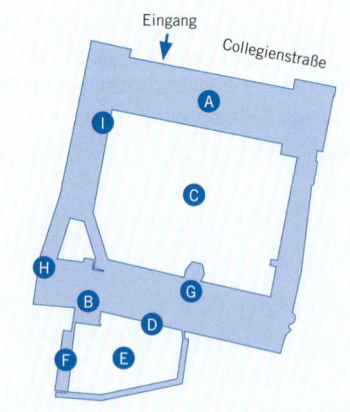

Bereits mit dem ersten Schritt durch den Tordurchgang des Augusteums atmet der Besucher die besondere Atmosphäre eines Ortes, an dem Weltgeschichte geschrieben wurde. Das Gelände des heutigen Hofes querte vor schon über 500 Jahren der junge Augustinermönch Martin Luther. Sein Weg führte ihn ab 1508 in das gerade erst vier Jahre zuvor erbaute Kloster, das eigentlich erst der Südflügel einer vierflügelig gedachten Anlage war und das die Wittenberger auch das „Schwarze Kloster" in Anspielung auf die dunklen Kutten der Ordensbrüder nannten. ⸺ Dieses erst zwei-, später dreigeschossige Gebäude sollte ihm ab 1532 als Schenkung des sächsischen Kurfürsten gehören. Da war er bereits der hochberühmte Professor der Bibelkunde und Reformator, das Kloster im Zuge der Reformation aufgelöst und das Haus sein Lebensmittelpunkt, den er bis zu seinem Tod 1546 mit seiner Frau Katharina von Bora, den Kindern und ungezählten, in die „gute Stube" des großen Reformators strömenden Studenten teilte. Man kann davon ausgehen, dass Martin Luthers die Welt reformierendes Gedankengut insbesondere in diesem Haus entstand. Verbürgt ist, dass sich ihm das Prinzip der Gerechtigkeit Gottes „solo gratia" in seinem Arbeitszimmer im Südturm des

Klosters offenbarte. ⸺ Nach Luthers Tod wurde sein Wohnhaus zum universitären Stipendiatenhaus, das man ab 1581 um das vorgelagerte, straßenbegleitende Augusteum erweiterte, einem 17-achsigen, nach Kurfürst August I. von Sachsen benannten Collegiengebäude nebst einem westlichen Seitenflügel. Es zählt mit seiner fast 440 Jahre umfassenden Bau- und Nutzungsgeschichte zu den frühesten Universitätsneubauten im deutschsprachigen Raum. Zusammen mit dem Lutherhaus bildete das damit u-förmige Gebäudeensemble seinerzeit einen universitären Campus, auf dem

A

sich ab 1598 auch die Universitätsbibliothek befand. 1817, mit Fusion der Universitäten Wittenberg und Halle und dem Umzug in die Saalestadt, übernahm das Evangelische Predigerseminar die historisch aufgeladenen Räume und begründete hier seine Ausbildungstradition. ▬ Bereits seit 1883 ist das Lutherhaus ein Museum, das wie ein Magnet Menschen aus aller Herren Länder nach Wittenberg zieht. Es gilt heute als das größte reformationsgeschichtliche Museum der Welt. Für diese verantwortungsvolle Aufgabe wurde das 1996 unter den Schutz der UNSECO gestellte Haus von der verantwortlichen Stiftung Luthergedenkstätten in Sachsen-Anhalt ab 2003 nicht allein denkmalgerecht instandgesetzt und saniert, sondern zudem um eine Eingangshalle im Zwickel zwischen dem in den 1920er-Jahren in der Südwestecke eingefügten Direktorenhaus und dem Lutherhaus erweitert. ▬ Nur vier Meter breit war die Baulücke für diesen neuen, einer Skulptur ähnelnden schlanken „Lutherturm", der in seinem Sichtbetonlook zunächst polarisierte, aber preisgekürt seine Anerkennung als vielseitiges Multitalent fand: Besucher bestens empfangend und leitend, den Service eines öffentlichen Hauses bietend, vertikal Ausstellungsebenen durch Galerien barrierefrei erschließend und nicht zuletzt zwischen Eingangshof und Garten vermittelnd. ▬ Ob der prunkvolle Hörsaal, die zehn Gebote-Tafeln Cranachs oder die originale „Lutherstube", in der man einst bei Tische disputierte, – berühmt ist inzwischen auch das zweite Obergeschoss dieses hochmodernen Anbaus: Etwa in Höhe Luthers früherem Turmzimmer gewährt ein schmales Fensterband auf der Ecke weiten Ausblick in die Auen der Elbe – für den „Lutherblick". ▬ An die geschäftige Katharina von Bora, die den großen Hausstand Luthers wie eine Unternehmerin führte, erinnert nicht nur eine Plastik (Nina Koch, Bielefeld, 1999) im Lutherhof. Der idyllische Garten auf der südlichen Hausrückseite ist eine Hommage an die starke Frau an Luthers Seite, das „Gartencafé von Bora" lädt mit Blick auf die schrundige Wittenberger Stadtmauer und historische Gebäudefragmente zum Verweilen in den Sommermonaten ein. Im Sommer 2004 erregte hier der Fund von Relikten eines früheren Anbaus Aufsehen: Luthers Latrine. Die Ausgrabungsstätte „Lutherannex" wurde gesichert und mit einem hochtransparenten Dach aus luftgefüllten Folienkissen geschützt. Eine Sichtbetontreppe, die gleichzeitig Stufen zum

A

Sitzen bildet, ergänzt den vielfältig gestalteten Museumsaußenbereich. ——
Mit dem nahenden Halbjahrtausendjubiläum „500 Jahre Reformation", dem Welttourismus in 2017 und den damit verbundenen hohen Erwartungen an die Stadt eröffnete sich die Chance, die historisch gewachsenen Nutzungssituationen in den Wittenberger Reformationsgedenkstätten für die Zukunft neu zu strukturieren. Im Ergebnis zog das Evangelische Predigerseminar in und auf das Gelände des ● *Wittenberger Schlosses* zu ihrer Ausbildungskirche, der ● *Schlosskirche*. Ihre bisherige Heimstatt hingegen, das Augusteum, wurde zu einem Ausstellungshaus der Stiftung Luthergedenkstätten in Sachsen-Anhalt. Ob Bibliotheks- oder Fürstensaal – die historische Bausubstanz wurde denkmalgerecht saniert, für den neuen Zweck umgebaut und fast unsichtbar den technischen Anforderungen und energetischen Möglichkeiten für ein Museumshaus heutiger Zeit angepasst. Zudem entstanden Räume für Verwaltung, die Museumspädagogik sowie ein Restaurant, das „von bora" samt Caféterrassenbetrieb im Innenhof. —— Der zeigt sich dieser Tage als aufgeräumte, ruhige und grüne Oase, die die historisch belegte räumliche Aufteilung wieder aufnimmt

und an seine gärtnerische Nutzung bzw. den Botanischen und Apothekergarten erinnert. Helles Natursteinpflaster bildet einen starken Kontrast zum saftgrünen Rasen und den verlässlich und üppig im Frühjahr blühenden Magnolien. Hinter denen verläuft ein vollverglaster Eingangsverbinder zwischen Augusteum und Lutherhaus. In seiner modern-zurückhaltenden Eleganz wirkt er wie eine leichte Pergola, der die alte Stadtmauer als ein wertvolles Exponat in Szene setzt. In dem schmalen, in den Abendstunden gefällig beleuchteten Gang finden sich alle notwendigen Servicefunktionen, die das wertvolle Denkmal Augusteum deutlich entlasten. —— Mit dem neuen Museums- und Bildungscampus im Schnittpunkt von Lutherhaus und Augusteum knüpft man an die besten Traditionen des Ortes an. Und schafft neue: Ausstellungschoreografien wie „Luther! 95 Menschen – 95 Schätze – die Nationale Sonderausstellung in Lutherstadt Wittenberg". Sie setzen Zeichen in der Vermittlung des wertvollen Erbes Martin Luthers und der Reformation, der sich die Stiftung Luthergedenkstätten in Sachsen-Anhalt seit ihrer Gründung im Jahr 1997 hoch verpflichtet sieht.

2 MELANCHTHONHAUS UND GARTEN (2013/2016)

Collegienstraße 61
Architekten: dietzsch & weber architekten bda, Halle (Saale)
Landschaftsarchitekten: Atelier le balto Landschaftsarchitekten, Berlin
Ausstellungsgestaltung: IGLHAUT + von GROTE, Ausstellungen, Museums-
planung, Kulturprojekte GmbH, Berlin
Bauherr: Stiftung Luthergedenkstätten in Sachsen-Anhalt, Lutherstadt Wittenberg

Als 1518 der sächsische Kurfürst den
Gelehrten Philipp Melanchthon an den
neu errichteten Lehrstuhl für griechische
Sprache der landesherrlichen Universität
Leucorea nach Wittenberg rief, war der
in Bretten geborene Philipp Schwartzerdt
(griechisch: Melanchthon) gerade erst
21 Jahre alt, aber nicht minder befähigt.
Er überzeugte bereits in seiner glühenden Antrittsrede in der ➲ *Schlosskirche*,
die damals Universitätskirche war. ——
Mit Melanchthons wachsendem Ansehen
buhlten in- und ausländische Universitäten um den begabten Mann, den Kurfürst und Universität mit einem 1536
ureigenst für ihn erbauten Haus in der
Stadt zu halten suchten – und so das
seinerzeit schönste und zugleich modernste Bürgerhaus der Stadt schufen:
drei Geschosse hoch, mit renaissance-
geprägtem Staffelgiebel mit Aufsätzen
in Rundbogenform, spätgotisch gefassten Fenstern sowie einem rundbogigen

Eingangsportal mit Sitznischen. Es gilt
heute mit seiner originalen Bausubstanz
als das „authentischste" der seit 1996
von der UNESCO geschützten Luthierge-
denkstätten in Sachsen-Anhalt. ——
Bereits seit 1845 war das Haus vom
preußischen Staat erworben und 1897
in Ermangelung originaler Exponate Stu-
dier- und Sterbezimmer historisierend
eingerichtet worden. 1954 wurde es
Heimatmuseum, 1967 zur Melanchthon-
Gedenkstätte. Für seine auch zukünftige
Aufgabe als Museum hat die Stiftung
Luthergedenkstätten in Sachsen-Anhalt
das Gebäude denkmalgerecht sanieren
und um einen „dienenden Nachbarn"
erweitern lassen. —— In schnörkelloser
Eleganz und klarer Strenge eifert der
moderne Klinkerbau seinem historischen
Vorbild hinsichtlich Kubatur, auch in
Trauf- und Firsthöhe des Torhäuschens,
nach, was beide trotz ihrer unterschiedlichen Fassade (das eine sandfarbener

Putz, das andere anthrazitfarbene Klinker) und den, ja, aus der Reihe tanzenden Fenstern des neuen Hauses verblüffend verwandt wirken lässt, denkt man sich hypothetisch den Schmuckgiebel des älteren weg. ▬▬ Der Neubau fasst heute den für einen modernen Museumsbetrieb notwendigen Service wie Empfang, Kasse, Shop und Technik und bietet darüber hinaus 600 zusätzliche Quadratmeter konservatorisch konditionierte Ausstellungsfläche für Melanchthons wertvolle Schriften, Briefe und Bücher. Das Denkmal „Melanchthonhaus" kommt durch diese „Entlastung" zu völlig neuen Ehren als des „Museums wichtigstes Exponat". Es erlaubt entlang der wiederhergestellten, bauarchäologisch belegten Raumabfolge und mittels sparsam eingesetzter szenografischer Elemente eines klugen Ausstellungskonzepts „Philipp Melanchthon – Leben – Werk – Wirkung" eine Reise in die Zeit des Gelehrten, der im Übrigen auch in der Kräuterheilkunde bewandert und für den die Natur „Gottes geordnete Schöpfung"[36] war. ▬▬ Dieser vielfach unbekannten Seite Melanchthons nähert sich der auf der Hofseite des Museums in seinen ursprünglichen Grenzen wieder angelegte Garten: ein von Mauern umschlossenes, klar gegliedertes Refugium

mit teils altem Baumbestand. Von einer Platzfläche aus öffnet sich zunächst der Kräutergarten mit traditionell in Holz gefassten Hochbeeten, deren Bepflanzung den sieben Hauptthemen der damaligen Arzneibücher folgt. Der sich anschließende, von einem Wegekreuz geteilte Wiesengarten ist von Obstbäumen bestanden, der Platz unter der alten Eibe lädt zum Verweilen ein. Und schließlich, vor Wittenbergs schrundiger Stadtmauer, ist eine Terrasse für vielfältige Nutzung eingerichtet. Von hier kann der Besucher zurück entlang eines Lindenspaliers lustwandeln, der Ruhe und Kraft einer reichen Pflanzenvielfalt sowie der Denkart eines Mannes nachspüren, die bis ins Heute wirkt.

3 STADT- UND PFARRKIRCHE ST. MARIEN (2015)

Kirchplatz
Sanierungsarchitekt: Dr. Krekeler Generalplaner GmbH, Brandenburg (Havel)
Bauherr: Evangelische Stadtkirchengemeinde Wittenberg, Lutherstadt Wittenberg

Wer Originalschauplätze der Reformation in Wittenberg sucht, wird mit ihr einen der wichtigen finden: die Stadt- und Pfarrkirche St. Marien. Sie war seit etwa 1512 der Hauptpredigtort Martin Luthers. Im Jahr 1521 wurde hier der erste evangelische Gottesdienst gefeiert. Und 1525 gab Johannes Bugenhagen als erster evangelischer Stadtpfarrer dem Brautpaar Katharina von Bora und Martin Luther seinen Segen. —— Viele Ereignisse verbinden sich mit der als „Mutterkirche der Reformation" weltbekannten und von der UNESCO 1996 als Welterbe geschützten Kirche, deren zwei mächtige Türme sich bereits seit fast 600 Jahren unverwechselbar in die Silhouette der Elbestadt malen. Ihre achteckigen Turmaufsätze mit den Welschen Hauben stammen indes aus einer Zeit um 1558. Die spitzen Vorgänger hatte man im Schmalkaldischen Krieg für Geschützstellungen entfernt. —— Eine erstmalige urkundliche Erwähnung geht auf das Jahr 1187 zurück, um 1280 entstand der noch heute vorhandene rechteckige und gestufte Hallenchor. Spätgotik hatte späterhin die Bauform diktiert, als man ab 1411 das Langhaus der Vorgängerkirche durch eine dreischiffige Halle ersetzte, deren Ausstattung jedoch während des Bildersturms 1522 zu guten Teilen verlorenging. So stammt der Großteil der Kunstwerke aus der Reformationszeit, an zentraler Stelle: der 1547 von Lucas Cranach dem Älteren und Lucas Cranach dem Jüngeren gemeinsam geschaffene und unversehrt erhalten gebliebene „Reformationsaltar", das Prinzipalstück von St. Marien, daneben weitere großartige Tafelbilder und Epitaphien. —— Der Innenraum selbst atmet den Geist einer Neugotik, den der Architekt Carlo Ignazio Pozzi bei einem Umbau 1811 einbrachte: u.a. umlaufende Emporen im Langhaus, Kanzel, Orgel und Gestühl. Weitere Sanierungen erfolgten in den 1920er- und 1980er-

Jahren. Wer heute die Kirche betritt, darf sich über das Ergebnis einer rundum gelungenen Generalsanierung im engen Zusammenspiel von Architekten und Denkmalpflegern freuen. Dafür waren im großen Umfang Spenden durch die Stadtkirchengemeinde eingeworben worden, die hier bis heute ihre lebendige Heimat hat.

4 CRANACH-HÖFE (1998/2000/2007/2010)

Markt 4 und Schlossstraße 1
Sanierungsarchitekten: Pinardi Mai + Partner, Lutherstadt Wittenberg, Berlin; Architekturbüro Brückner + Heine, Lutherstadt Wittenberg; AAD Atelier für Architektur und Design W. Hein, H. Stuve und Partner, Köthen
Bauherr: Lutherstadt Wittenberg

Sie gaben der Reformation ein Gesicht: Lucas Cranach der Ältere (1472 bis 1553), Maler, Grafiker, Buchdrucker, auch Apotheker und Weinhändler, Ratsherr und Bürgermeister, und sein jüngster Sohn (1515 bis 1586), der nicht nur gleichen Namens war, sondern in die Fußstapfen seines in der Stadt hochangesehenen Vaters trat und die Wittenberger Werkstatt stilsicher und erfolgreich weiterführte.

Die Kunst der Cranachs zeichnet uns bis heute ein farben- und ikonografisch reiches sowie wirkmächtiges Bild von einer Zeit in die Köpfe, die die Geschichte Europas und der Welt grundlegend verändern sollte. Durch die Cranachs sind die bedeutenden Wittenberger Persönlichkeiten für die Nachwelt „ansichtig" geblieben. Es ist das hohe Verdienst der begnadeten Maler und ihrer hochproduktiven, effizient arbeitenden Werkstatt, u.a. lebensnahe Porträts überliefert und derart maßgeblich das kollektive Gedächtnis geprägt zu haben. —— Martin Luther fand in Lucas Cranachs d. Ä. und später in dessen Sohn kongeniale Freundschaft. Ob Thesen oder Predigten: Luthers Wort wurde in der Cranach-Druckerei illustriert, gedruckt und gelangte vervielfältigt unters Volk. Mit dieser neuen Art der Verbreitung von Ideen stellten sie eine Öffentlichkeit in einem nie zuvor erreichten Maße her. In diesem Sinne stehen die Cranachs in Wittenberg auch für die Auslösung einer Medienrevolution. —— Schauplatz dieser Geschichte sind die Höfe am Markt 4 (und 5) ab den Jahren 1511/12 sowie die Schlossstraße 1 ab 1518, die Lucas Cranach d. Ä. für sich und seine Familie als Wohn- und Arbeitsstätte herrichten ließ. Lucas aus Kronach (fränkisch: Cranach) war 1505 dem Ruf Friedrichs des Weisen an den Wittenberger Hof gefolgt, wo er als Hofmaler in Nachfolge des Italieners Jacopo de' Barbari zunächst die

Malerwerkstatt im Schloss bezogen hatte. Fast 50 Jahre lang sollte Cranach das Vertrauen dreier sächsischer Kurfürsten in seine Kunst genießen. ▬▬ 500 Jahre später kann man in den, in ihrer Grundstruktur aus der Zeit der Renaissance nahezu vollständig erhalten gebliebenen Stadthäusern mit ihren tief in das Grundstück hineinreichenden Höfen wandeln und dem Geist ihrer früheren Bewohner wieder nachspüren. Keine Selbstverständlichkeit, da die Anwesen während der Zeit der DDR zusehends verfallen waren. „Wo Häuser verkommen, verkommen auch Menschen" prangerten Wittenberger Bürger 1989 die Zustände an. Aus der bürgerbewegten Initiative und einem Verein erwuchs eine Stiftung, unter deren Verantwortung die Häuser heute stehen. ▬▬ Ein Nutzungs- und Modernisierungskonzept und detaillierte bauhistorische Voruntersuchungen gaben die Grundlage für eine umfassende Sanierung, die Mitte der 1990er-Jahre begann und 2007 abgeschlossen werden konnte. Über die Jahrhunderte hatte man die Gebäude und ihre Räume immer wieder umgebaut. Relikte vergangener Zeit fanden sich u.a. im Markt 4 mit bauzeitlichen Kreuzrippengewölben oder illusionistischen Deckenmalereien aus der Zeit der Renaissance. Hier – wie in der Schlossstraße 1, die u.a. im 19. Jahrhundert mit der Verlegung von Tordurchfahrt und Renaissanceportal eine bauliche Veränderung erfahren hatte – gelang es, die wertvolle Substanz zu retten und mit neuem Leben zu füllen. ▬▬ Heute haben im Markt 4 die Stiftung und andere Institutionen neben einem Kunsthof ihren Sitz. Die Schlossstraße 1 wurde zur festen Adresse für eine Malschule als Jugendkunstschule, für Apotheke, Hofwirtschaft, Druckerstube und die Cranach-Herberge – allesamt vielfach frequentiert von Wittenbergbesuchern und Cranachliebhabern aus aller Welt, die staunend die besondere Aura des Ortes genießen. Ein national herausragendes Kulturdenkmal.

5 SCHLOSSKIRCHENENSEMBLE

Schlossplatz

A SCHLOSSKIRCHE, SICHERUNG, SANIERUNG UND RESTAURIERUNG (2016)

Architekten: cuboidoo architekten BDA, Halle (Saale)
Bauherr: Land Sachsen-Anhalt, vertreten durch das Ministerium der Finanzen, Magdeburg

B SCHLOSS, UMBAU UND SANIERUNG (2017)

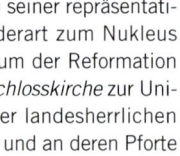

Architekten: Bruno Fioretti Marquez Architekten, Berlin; Atelier für Architektur und Denkmalpflege AADe, Köthen
Bauherr: Lutherstadt Wittenberg

C EVANGELISCHES PREDIGERSEMINAR, NEUBAU SÜDFLÜGEL (2017)

Architekten: Junk & Reich – Architekten BDA, Planungsgesellschaft mbH, Weimar; A 24 architekten+ingenieure, Berlin
Bauherr: Lutherstadt Wittenberg

D SCHLOSSHOF (2017)

Planung: SALEG Sachsen-Anhaltinische Landesentwicklungsgesellschaft mbH, Magdeburg
Bauherr: Lutherstadt Wittenberg

Heute zählt es sicher nicht zu jenen Schlössern Deutschlands, deren märchenhafter Zauber sich in vielfach fein ziselierter, Macht durch Pracht verstärkende Baukunst offenbart. Seine Bedeutung jedoch als das Schloss des sächsischen Kurfürsten Friedrich des Weisen, der als Förderer von Wissenschaft und Kunst Wittenberg zu seiner repräsentativen Residenz und derart zum Nukleus und geistigen Zentrum der Reformation formte, dessen ➔ *Schlosskirche* zur Universitätskirche seiner landesherrlichen Leucorea avancierte und an deren Pforte mutmaßlich Luther seine 95 Thesen gegen den Ablasshandel schlug, und der

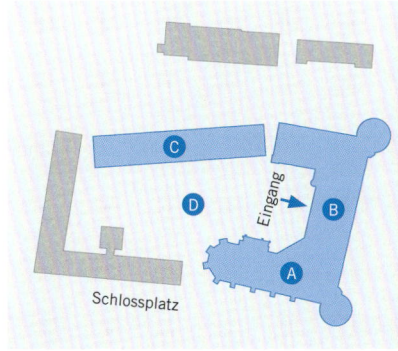

sich nicht zuletzt schützend vor Martin Luther stellte, obwohl er selbst noch tief durchdrungen von spätmittelalterlicher Frömmigkeit war – all das lässt das Wittenberger Schloss in einem besonderen, für das Gedächtnis der Welt wichtigen Licht erstrahlen. ━━━ In den Zeitläuften von Kriegen und Feuersbrünsten fast ausgelöscht und unter militärischem Kalkül bis zur Unkenntlichkeit zu einer Festung und Kaserne ausgebaut, gelang es erst im 21. Jahrhundert mit Blick auf das 500. Reformationsjubiläum im Jahr 2017, das Wittenberger Schlosskirchenensemble wiederherzustellen und neu zu gestalten. Nach sensiblem und dennoch tiefgreifendem Umbau, denkmalgerechter Sanierung und zeitgenössischen Ergänzungen leiht das große Haus heute einem Besucherzentrum nebst neuem Zugang zur Schlosskirche, der Reformationsgeschichtlichen Forschungsbibliothek, dem Evangelischen Predigerseminar sowie der Stiftung Christliche Kunst neuen Raum in alten Mauern. Und vermittelt dem Besucher Lust, der wechselvollen Geschichte eines bedeutenden Hauses nachzuspüren. Ergänzt um einen dem Zeitgeist verpflichteten Südflügel und dem neu geordneten und gestalteten Hof mit einer dem einst höfischen Ort angemessenen Treppenanlage war das

große Werk schließlich vollendet. ━━━ 1489 begann der sächsische Kurfürst Friedrich der Weise am westlichen Stadteingang Wittenbergs anstelle einer askanischen Burganlage ein prachtvolles Residenzschloss zu bauen. 1525 fertiggestellt, markiert es einen Wendepunkt im herrschaftlichen Profanbau in Mitteldeutschland. Die großzügige, noch dem Geist der Spätgotik erbaute Dreiflügelanlage mit ihren zwei spitz behelmten Türmen sowie dem weithin sichtbaren steilen Dach und den hohen Zwerchhäusern des Westflügels erfuhr im Bauverlauf eine Hinwendung auf die in Europa erwachte, u.a. aus der Handels- und Kapitalmetropole Florenz herüberströmende Renaissance. ━━━ Man kann in Gedanken den

Schritten des Kurfürsten entlang der zwei ausnehmend fein gearbeiteten, sandsteinernen Wendeltreppen folgen, die mit ihrer filigran gedrehten Spindel und dem zu Friedrichs Zeiten wohl mit Blattwerk bemalten Netzgewölbe auf offene Loggien führen. Die südlich gelegene mit Wappenfries war jene, die den fünfgeschossigen Südturm erschloss, hier befand sich „des gnädigsten Herren Gemach"[37]. Neben dem Südflügel, der sowohl Repräsentationsräume, die „Stammstube" als auch des Kurfürsten Bibliothek barg, hatte man bis 1507 den Nordflügel und dessen Turm erbaut, dort, wo die Welt die Schloss- und Universitätskirche kennt. Ausgestattet waren all die fürstlichen und sakralen Räume mit wertvoller Kunst: Altarretabeln, Gemälden sowie Wand- und Deckenmalereien, die Lucas Cranach d. Ä. ab 1505 als Hofmaler des Kurfürsten überwiegend in seinen ersten beiden Wittenberger Jahrzehnten schuf. ▬ Fast nichts davon hat sich erhalten. Die Herrlichkeit jener Zeit versank in Gefechten und Feuern des Siebenjährigen Krieges 1760 und noch einmal während der Napoleonischen Befreiungskriege 1814, als die Festung Wittenberg nach Belagerung fiel. Das Schloss wurde ab 1815 zur preußischen Zitadelle aus- und umgebaut, dafür ein Zwischengeschoss einge-

fügt und die Innenwände zu mächtigen Schotten verstärkt. Den Boden des Schlossdaches füllte man zuletzt meterhoch mit Sand als Schutz gegen Brandbomben auf. ▬ In dieser Anmutung und unterschiedlich genutzt erreichte das nun klotzig-graue Schlossgebäude das 20. Jahrhundert. 1923 ging es in städtische Hand über. Einzig die Schlosskirche war bereits ab 1892 der reformatorischen Erinnerungskultur gewidmet und umfassend in neugotischem Stil umgestaltet worden. 1858 hatte dafür der preußische König Friedrich Wilhelm IV. die als Thesentür bekannte, aber verbrannte doppelflügelige Schlosspforte nun aus Bronze gegossen der Stadt vermacht. ▬ Während der Zeit der DDR waren 1967 Instandsetzungs- und Außenputzarbeiten am Schloss erfolgt und die Jugendherberge, das Ratsarchiv, das Depot der Städtischen Sammlungen sowie das Museum für Natur- und Völkerkunde untergebracht. Es gab sogar eine Gaststätte und Wohnungen. Dafür hatte man das Schlossinnere mehrfach geteilt und umgestaltet, und so war ein unübersehbares Konglomerat von Räumen gewachsen. ▬ Nach der politischen Wende 1989 geriet das Schloss wieder in den Fokus, auch von Begehrlichkeiten. Es gab gute Ideen und den festen Willen

der Stadt, das große Haus mit einer zu-
kunftsfähigen Nutzung zu retten. Wege
und Möglichkeiten sollte jedoch erst das
500. Reformationsjubiläum mit der
Chance einer Neuordnung der „juristi-
schen und tatsächlichen Verhältnisse der
Wittenberger Reformationsgedenkstätten" bringen, in deren Folge das Evangelische Predigerseminar aus dem ➜
Augusteum am Lutherhaus auf das
Schlossareal zu ihrer Ausbildungskirche,
der Schlosskirche, zog – Veränderungen,
die in der Konsequenz eine starke Adresse der Evangelischen Kirche am westlichen Stadteingang haben entstehen
lassen. —— Der Besucher erlebt heute
ein Haus, das den Empfehlungen der
Denkmalpflege folgend im Kleid seiner
letzten Überformung als preußische Festung belassen wurde, das man jedoch
den zukünftigen Nutzungen entsprechend
um- und ausbaute sowie zeitgenössisch
ergänzte. Das Bild eines „Palimpsests"
stand für diese Herangehensweise Pate.
Der Begriff aus der Handschriftenfor-
schung steht als Metapher für ein mehrfach abgekratztes und wieder neu be-
schriebenes Papier, das die Spuren der
Vergangenheit zwar noch erahnen und
bestehen, das Neue jedoch klar erkennen
lässt. —— Diese geschichtlichen „Ab-
drücke" sind im neuen Besucherempfang

im Erdgeschoss des Westflügels ebenso
ablesbar geblieben wie auf den darüber
liegenden zwei Geschossebenen, in denen die Reformationsgeschichtliche Forschungsbibliothek ihren guten Platz gefunden hat. Insbesondere der fortifika-
torisch tonnengedeckte 2. Stock mit dem
Lesesaal und der Freihandbibliothek wurde mit eigens entworfenen, niedrig ge-
haltenen Tischen und Regalen möbliert,
was den weiten Räumen die ihr eigene
Schönheit erhalten hat. Sie kann man
während eines kulturtouristischen Rund-
gangs ebenso besichtigen wie den Südturm mit einem in ursprünglicher Größe
wiederhergestellten fürstlichen Spitzbo-
genfenster. Die zweieinhalb mal vier Meter große Verglasung muss zu Friedrichs
Zeiten nicht nur immens teuer gewesen
sein: Damals wie heute öffnet es einen
unbezahlbar schönen Blick hinaus in die
weiten Elbauen. —— Mit diesem Geschenk wird man auch vom Dachgeschoss
des Westflügels aus belohnt, das heute
mit einer „Reihe kühner Kuben" neue
Heimat des Evangelischen Predigerseminars ist. Der Idee eines klösterlichen
Gartens folgend ist dem alten Schloss
hier im Wechsel von geschlossenen, großflächig verglasten Räumen sowie geschützten, begrünten Innenhöfen eine
Architektur im frischen Zeitgeist hinzu-

gefügt worden. ——— Den atmen auch die beiden neuen, skulpturalen Treppenhäuser aus Ortbeton, die man zwischen alten Gebäudewänden einhängte und deren Stufen und Geländer mit edlem Marmorino überzog. Der hinterleuchtete Handlauf verstärkt den Eindruck scheinbar schwereloser Treppen, die – neben einem, die Barrierefreiheit gewährleistenden Aufzug – die einzelnen Geschosse und so auch die Schlosskirche erreichen.

——— Ein künstlerisch gestaltetes, zweiflügeliges Bronzetor öffnet den neuen Zugang zur Kirche, die sich nach glanzvoller Sanierung ganz so präsentiert, wie sie sich der Baurat Friedrich Adler im Stil des wilhelminischen Historismus erdachte. In dieser Fassung von 1892 konserviert, restauriert und allgemein instandgesetzt, einschließlich der Ausgestaltung, Innenausstattung sowie Ergänzung um modernste, geschickt versteckte Technik,

ist der seit 1996 von der UNESCO als Welterbe geschützte „Gedenkort für die Reformation" – der auch die Grabstätten Martin Luthers, Philipp Melanchthons und des Kurfürsten Friedrich dem Weisen birgt – völlig neu erlebbar. ▬ Einladend präsentiert sich nun auch der Schlosshof, der nicht allein neu geordnet ist, sondern mit seinem frischen Pflaster und der mit Sitz- und Gehstufen gestalteten neuen Treppenanlage hell und freundlich die Besuchergruppen empfängt. Bereits 2007 hatte man das auf dem Terrain des ehemaligen Vorschlosses erbaute Amtshaus saniert. Die vormals im Dachstuhl des Schlosses untergebrachte Jugendherberge fand hier ihre neuen Räume. Das historische Areal südlich geschlossen hat im Jahr 2016 das „Christine-Bourbeck-Haus", das man als Wohngebäude für das Evangelische Predigerseminar samt Refektorium und Dormitorium auf den Fundamenten des alten Schlossflügels erbaute. Zwei hell verputzte Quader und ein Glasverbinder fassen ein „verborgenes" Atrium, die Hauseingänge in das zwei Geschoss hohe Gebäude bilden Stege, die wie Zugbrücken über die befundeten askanischen Wallanlagen aus dem 13. Jahrhundert und Reste eines Funktionsgebäudes aus dem 16. Jahrhundert führen. Diese Re-

likte sind mittels einer horizontal eingefügten Glasfuge als Trennschnitt von Raum und Zeit sichtbar belassen und im westlich gelegenen Erdgeschoss für einen Blick auf das archäologisch befundene „Ruinenfeld" und so für nacherlebbare Baugeschichte aufgeweitet worden. ▬ Und so schließt sich der Kreis. Nicht nur für das Schlosskirchenensemble, sondern auch der jahrelanger Bemühungen, den um neue Architektur ergänzten Ort für den weltweiten Luthertourismus und die Lutherstadt Wittenberg ins Leben zurückzuholen. Dass er nun wieder auf beste Art Stadt-, Landes-, europäische und Weltgeschichte zu erzählen weiß, lag im Kalkül all jener, die über 25 Jahre lang mit Nachdruck daran mitgewirkt haben.

6 LUTHERGARTEN (2017)

Wallstraße/Hallesche Straße/Andreasbreite
Landschaftsarchitekten: KLA kiparlandschaftsarchitekten GmbH, Duisburg und Mailand
Himmelskreuz: Thomas Schönauer, Düsseldorf

„Wenn ich wüsste, dass morgen die Welt unterginge, würde ich heute noch ein Apfelbäumchen pflanzen" – das berühmte Zitat Martin Luthers nahm der Lutherische Weltbund zum 500. Reformationsjubiläum beim Wort: Als ein Zeichen für die „Lebendigkeit und Lebensnähe der reformatorischen Bewegung und deren weltweite Ausstrahlung"[38] hat man in der „Geburtsstadt der Reformation" einen „Luthergarten" neu angelegt. Mit großem Sinn für Symbolik sind dafür 500 Bäume ausgewählt, angepflanzt und Baumpaten – Kirchen aus aller Welt – bestimmt worden. Ein Garten der Ökumene. —— Zu finden ist er an drei Standorten: am Neuen Rathaus, am Lutherhaus – und nahe des Schlosskirchenensembles in der Andreasbreite. In einem ellipsenförmigen Park führen hier sieben Wege von einer aus Granitstein eingefassten Lutherrose und dem Kunstwerk dreier übereinander schwebender Kreuze – dem Himmelskreuz – symbolisch in die Welt hinaus.

Die Pfade säumen Baumarten aus fünf Kontinenten, unter deren üppigem Grün sich auch zukünftig Menschen aller Religionen treffen und miteinander über die Fragen der Welt ins Gespräch kommen können. —— Das verbindende Element stellt der Rundweg in den alten Wallanlagen. Nach Niederlegung der Mauern und Tore der Elbfestung Wittenberg war ab 1878 sukzessive ein „Grüner Ring um die Stadt" gestaltet worden – seine geistigen Väter: Friedrich Eunike und Paul Leonhard. Seltene Bepflanzung, teils exotischer Baumbestand und in der Bodenmodellierung der Anlage folgend bildete dieser Stadtpark schon damals eine Werkschau landschaftsgestalterischen Könnens ab. Auf der Grundlage einer gartendenkmalpflegerischen Rahmenkonzeption von 2012 ist dieser Ring während der vergangenen Jahre wiedererstanden und stellte den stimmungsvollen Rahmen für die „Weltausstellung Reformation" während des Jubiläumssommers.

OTTO RUDOLF SALVISBERG (1882–1940)

7 WERKSSIEDLUNG PIESTERITZ (1919), Karl-Liebknecht-Platz/
Krummer Weg/Dessauer Straße/Pestalozzistraße, Am Dreieck/Am Tore u. a.

Die Wirkstationen des Otto Rudolf Salvisberg werden gemeinhin mit Berlin, Bern, Basel, Zürich angegeben. Doch davor absolvierte der Schweizer Architekt seinen ersten Großauftrag in meisterhafter Vollendung, sein frühes Hauptwerk in Wittenberg: eine Gartenstadtsiedlung als Werkswohnungsbau der Piesteritzer Stickstoffwerke. ▬ Salvisberg kam 1905 nach Deutschland und machte sich 1914 schließlich in Berlin selbständig. Schon davor hatte er zahlreiche Wettbewerbe erfolgreich bestritten und sich so einen Namen gemacht. Unter der Leitung von Georg Haberland, hier ministerial mit dem kriegswichtigen Werksbau generalbeauftragt, sowie Karl Janisch, vormals Siemens-Architekt und Maschinenbau-Ingenieur, zeichnete Prof. Friedrich Gerlach für den Städtebau der Piesteritzer Siedlung verantwortlich. Die architektonische Ausgestaltung wurde indes dem jungen Otto Rudolf Salvisberg übertragen, der den aus gesellschaftlicher und wohnhygienischer Misere geborenen Idealen eines für jedermann gesunden Wohnens in einer Gartenstadt nachzueifern suchte. ▬ Salvisberg reiht dafür knapp vierhundert Reihen- und Einfamilienhäuser unterschiedlichen Typs mit rotem Satteldach auf 13 Hektar vor den Toren Wittenbergs aneinander. Sie säumen teils gekurvte Straßenzüge, teils sind sie entlang einer Spiegelachse angeordnet. Im Vor- bzw. Rücksprung, im Wechsel von Trauf- bzw. Giebelständigkeit sowie variierender Gebäudehöhen lebt das Ensemble von der Virtuosität sich stetig wiederholender, ruhiger Elemente. ▬ Es lässt umso mehr ein harmonisches Ganzes entstehen, wenn sich malerische Durchblicke öffnen oder Platzsituationen aufweiten wie zugleich grüne Höfe im Innern der Quartiere mit individuellen Nutzgärten zur Selbstversorgung einladen. Kauf- und Vereinshaus, katholische Kirche, Schule, zwei Ledigenheime und 1925 ein Rathaus (heute Gymnasium) komplettierten die kleine, in sich geschlossene, ideale Stadt, in der die soziale Wohnmischung von Arbeitern und leitenden Angestellten im Kalkül ihrer Erfinder lag. ▬ Zuweilen pittoresk mögen Fensterläden und Rankspalier,

fast bieder die abgezirkelt-gepflegten Vorgärten wirken. In dieser romantischen Verklärtheit jedoch verwirklichte sich eine grundlegend humane Baukunst eines sozialen Siedlungsbaus inmitten eines verheerenden Ersten Weltkrieges. An Salvisbergs Werken lässt sich exemplarisch die „Siedlungsentwicklung des 20. Jahrhunderts von der Gartenstadtidee bis zur Moderne nachvollziehen"[39], er baute später in Berlin mit ➔ *Bruno Taut* und Hugo Häring „Onkel Toms Hütte" oder mit Bruno Ahrends und Wilhelm Büning die „Weiße Stadt". Die große Kraft seiner bisher nur als maßvolle „andere Moderne"[40] anerkannte Arbeit findet sich zudem in Bern oder Basel. —— Piesteritz indes gilt als „eine der am vollkommensten ausgeführten Verkörperungen des Reformgedankens in der Wohnhaus- und Siedlungsarchitektur des frühen 20. Jahrhunderts in Deutschland"[41]. Modell- und beispielhaft wurde die von der DDR 1987 unter Denkmalschutz gestellte, stark sanierungsbedürftige Werkssiedlung in neuer Eigentümerschaft der Bayernwerk AG denkmalgerecht wiederbelebt – im übrigen größte autofreie Siedlung Deutschlands.

CARL FUGMANN (1885–1963)

8 KINO CENTRAL (1937), Sternstraße 12, 13

Es waren die Goldenen Zwanziger Jahre, in denen man in Lichtspiel-Palästen den Film als neues Medium feierte. Ein bedeutender Architekt jener Zeit ist der Erfurter Carl Fugmann, der auf dem Gebiet des heutigen Sachsen-Anhalt zwischen 1928 bis 1937 in Weißenfels, Zeitz, Aschersleben und zuletzt in Wittenberg großartige Kinohäuser baute. —— In der Lutherstadt entstand 1937 nordöstlich der Altstadt in einem stadterweiternden Wohngebiet aus der vorletzten Jahrtausendwende das Großfilmtheater „Central" auf der Ecke einer Straßenkreuzung. Hatte Fugmann in den anderen Städten mit Bauten im Stil des Expressionismus oder der Neuen Sachlichkeit bereits avantgardistische Maßstäbe im Kinobau gesetzt, wurde hier wohl unter dem Einfluss der Nationalsozialisten stehend ein unauffällig-massiges hell verputztes Haus mit Walmdach und Rundfenster gebaut. —— Es folgt dem Stil der Heimatschutzarchitektur, dennoch ist auf der Gebäudeecke – und das mag Fugmanns ureigene Intervention gewesen sein – ein modern-runder, eingeschossiger und flachgedeckter Ein-gangsbau in rotem Porphyr angefügt. Dabei bilden Pfeiler einer umlaufend offenen Pergola vor dem eigentlichen Foyer einen starken Blickfang, der Schutz vor Regen und Wind beim Lesen der Programmaushänge und der obligatorischen Zigarette vor Veranstaltungsbeginn bot. —— Das Haus überstand weitgehend unbeschadet die Zeitläufte. In den 1990er-Jahren übernahm die UFA-Theater AG das Kino, die den großen Saal in vier kleine Vorführräume teilte. Seit 2010 wird das „Central" privat betrieben. —— Das spannende Œuvre des Ausnahme-Architekten Carl Fugmann harrt noch immer einer wissenschaftlichen Aufarbeitung.

9 HAUPTBAHNHOF (2016)

Am Hauptbahnhof
Planung: I.SBO Objektentwicklung und Planung mit Marc Ulrich, Stephan Böhning, Berlin
Bauherr: DB Station&Service AG, Berlin

2016 wurde als Deutschlands zweiter „Grüner Bahnhof" der fast vollständig aus natürlichen Baustoffen erbaute und energieautark und klimaneutral betriebene Hauptbahnhof Lutherstadt Wittenberg in Betrieb genommen. Gemeint ist sein neues Empfangsgebäude, ein großflächig verglaster, flach gedeckter, langgestreckter und energetisch hochmoderner Bau dank Photovoltaik, Geothermie und Regenwasseraufbereitung. ⎯ Für die täglich rund 4.000 Reisenden ist im Innern des Vorbild-Baus eine komfortable Wartelounge entstanden, ein Reisezentrum für Auskunft und Fahrkartenkauf, ein Bäcker, eine Buchhandlung und öffentliche Toiletten. Der an seinen Gebäudeecken dunkel geklinkerte Pavillon ermöglicht mit seinen raumhohen Schaufenstern eine gute Übersicht auf den Bahnbetrieb, sein weit überkragendes Dach Schutz vor Wind und Regen beim Übergang zu den Zügen bzw. den Unterführungen. ⎯ Das Haus erinnert in seiner Architektur an die Qualitäten einer Nachkriegsmoderne, an das Empfangsgebäude Sangerhausen etwa, wo man an die besten Traditionen des Bauhauses anzuknüpfen suchte. Und obwohl weder groß noch spektakulär ist hier ein helles, zweckmäßiges und sehr modern wirkendes Haus entstanden, das mit seiner „Sachlichkeit, die niemals kalt ist" die Juroren in ihrem Votum zum „Bahnhof des Jahres 2017" in der Kategorie „Alltagstauglichkeit" bestärkte. ⎯ Komplettiert ist das alles um ein neu gestaltetes Umfeld, u.a. eine Fahrgastinformationstafel, erweiterte Park-and-Ride-Stellplätze und Radabstellanlagen.

ARCHITEKT TOUREN*

10 ZENTRALER BESUCHEREMPFANG: STADTHAUS (2014), STADTINFORMATION, KLOSTERKIRCHE, RATSARCHIV (2015)

Mauerstraße 18/Klosterstraße 1–2
Architekten: Entwurf: Prof. Ralf Niebergall, Magdeburg; Ausführungsplanung: bc Architekten + Ingenieure GmbH, Lutherstadt Wittenberg
Bauherr: SALEG Sachsen-Anhaltinische Landesentwicklungsgesellschaft mbH, Magdeburg (als Treuhänder der Lutherstadt Wittenberg)

Ursprünglich hatte die Stadt am Arsenalplatz eine im Rahmen der IBA Stadtumbau Sachsen-Anhalt 2010 entwickelte Idee von einer AULA IM CAMPUS verfolgt. Ein neues städtisches Veranstaltungshaus sollte auf den Umfassungsmauern des einstigen Franziskanerklosters entstehen. Hier, an der Ecke zur Mauerstraße, fanden sich das 1248 gestiftete Kloster und seine Kirche, die bis zum Bau der Schlosskirche 1306 auch Hofkirche der Askanier war. —— Mit der Reformation säkularisiert und später Kornhaus, fiel das Kloster – und mit ihm alle umgebenden Gebäude – dem vernichtenden Beschuss während des Siebenjährigen Krieges zum Opfer. Seither gab es diese freie Fläche inmitten des mittelalterlichen Stadtkerns Wittenbergs, die ab 1815 die Preußen mit Zeughaus (dem Arsenal) und als Exerzierplatz militärisch nutzten. Anfang des 19. Jahr-

hunderts errichtete man auf den Ruinen des Klosters ein erstes Hospital der Stadt. Nach Ende des Zweiten Weltkriegs bis zu ihrem Abzug 1994 war das gesamte Areal von Sowjetischen Streitkräften mit mannshohen Zäunen hermetisch abgeriegelt und lag danach lange brach. Niemandsland.

Manchmal will es der Zufall, dass sich Pläne ändern. Dafür, dass sich heute am Arsenalplatz ein Zentraler Besucherempfang mit Stadthaus, Stadtinformation, Historischer Stadtinformation und das Ratsarchiv befindet, ist dem unverhofften archäologischen Sensationsfund der herrschaftlichen Grablege eines Kurfürsten im Jahr 2009 geschuldet: Rudolf II. —— In den Resten des Kirchenschiffs der früheren Klosterkirche fand man dessen Gebeine samt seinem Schwert und Siegel, daneben Gattin und Tochter. Sich dieser Seite der Stadtgeschichte – der vorreformatorischen nämlich – als kurfürstliche Residenz neben dem Touristenmagneten Luther zu erinnern, begriff die Lutherstadt als Chance für ihre weitere Stadtentwicklung. Sie baute an der Nordseite des Quartiers ein „Stadthaus" als Veranstaltungs-, Konferenz- und Konzertsaal und ließ ergänzend auf den historischen Raumkanten des Klosters eine mehrgliedrige Anlage mit den vier genannten Bausteinen eines Zentralen Besucherempfangs entstehen. —— Das Stadthaus erhielt ein unverwechselbar gefaltetes Dach, das sich mit Sheds der kleinteiligen Nachbarbebauung chamäleonartig anpasst. Darunter verbirgt sich der moderne Saal mit bis zu 600 Plätzen. Außen prägt schlichter Sichtbeton die Fassaden, den Hof ein die Gebäudeteile verbindender, lichtdurchfluteter verglaster Wandelgang. Neben der „Zentralen Stadtinformation" als erster Anlaufstelle für Touristen findet sich im restaurierten alten Hospital auch das „Ratsarchiv", eines der ältesten zusammenhängenden Archive in Mitteldeutschland. —— Am Ort der früheren Klosterkirche ist eine „Historische Stadtinformation" eingerichtet worden. Was von außen fensterlos und geheimnisvoll von einem hohen Walmdach überdeckt ist, birgt in seinem In-

nern in staunenswerter Illusion die alte Klosterkirche. In „analog-virtueller Realität" begegnet der Besucher hier dem Ritter aus dem Mittelalter und auch seinen originalen Attributen – eben jenem Schwert und Siegel – sowie Resten seiner golddurchwirkten Kleidung. In vielfachem Text und vielfarbigem Bild ersteht das Wittenberg jener Zeit als starke kurfürstliche Residenz wieder auf – und schuf Platz für Pietätvolles: Am authentischen Ort ist Rudolf II. mit seiner Familie wieder beigesetzt.

SEHENSWERTES
AUF DEM WEG (AUSWAHL)

LUTHERSTADT WITTENBERG

Gagfah-Siedlung (1937),
Max Jahr, Sternstraße/Schiller-
straße/Berliner Straße

Eiscafé „Chemie-Pavillon"
(1960), Erwin Zink,
Schlossplatz 15

BAD SCHMIEDEBERG

Kurpark, Kur-Promenade,
OT Reinharz

Kurhaus (1907), Artur Hänsch,
Kur-Promenade 1, OT Reinharz

Schlosspark Pretzsch,
Schlossbezirk 1, OT Pretzsch

RAGUHN-JESSNITZ

Dorfkirche,
Parkstraße 5a, OT Altjeßnitz

Irrgarten im Gutspark Altjeßnitz,
Parkstraße, OT Altjeßnitz

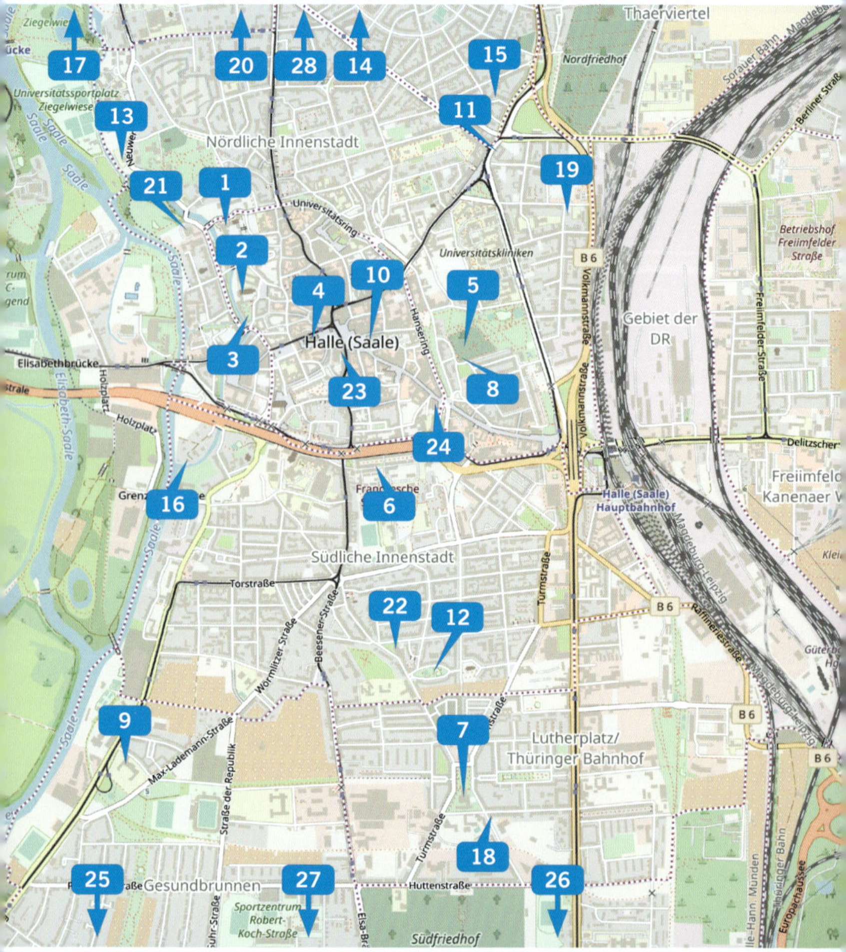

Ziegelwiese
ücke
17
Universitätssportplatz
Ziegelwiese
13
Saale
Saale
Saale
21
1
Nördliche Innenstadt
Universitätsring
rum-
C-
gend
2
Elisabethbrücke
3
straße
Holzplatz
Holzplatz
Grenz-
16
Saale
Elisabeth-Saale
9
Max-Lademann-Straße
Straße der Republik
Straße
Torstraße
Wörmlitzer Straße
Beesener Straße
Straße
Gesundbrunnen
Sportzentrum
Robert-Koch-Straße
25
27
Elsa-Br

20 **28** **14**
15
Nordfriedhof
Thaerviertel
Sorauer Bahn, Magdeb
Berliner Straße
11
19
Universitätskliniken
B 6
Betriebshof
Freiimfelder
Straße
5
4
10
Halle (Saale)
Hansening
Volkmannstraße
Freiimfelder Straße
Gebiet der
DR
23
8
Grenzburgweg
Delitzscher
24
Freiimfeld
Kanenaer Wa
Franckesche
6
Halle (Saale)
Hauptbahnhof
Südliche Innenstadt
Turmstraße
22
12
B 6
Güter
Ho
straße
7
Lutherplatz/
Thüringer Bahnhof
Rennbahnstraße
B 6
lle-Hann-Münden
Europaradbahn
B 6
18
Turmstraße
26
Huttenstraße
Südfriedhof

Marktkirche

Als ➲ *Wilhelm Jost* 1912 seine Stelle als Stadtbaurat antrat, war die Salzstadt an der Saale im Umbruch. Vielfach verschwanden die von Mittelalter und Renaissance geprägten Gebäude, um einer rasant wachsenden Stadt Platz einzuräumen. Schon seit Ende der Napoleonischen Kriege hatte Halle mit ersten Eingemeindungen und dem Abriss der Stadtbefestigung die Weichen für diese Entwicklung gestellt, war mit den ersten Dampfmaschinen ab 1831 Bewegung in die traditionelle Salzgewinnung gekommen und die Industrialisierung angestoßen, die sich rasch über die mittelalterlichen Stadtgrenzen hinaus ausdehnte. ▬ Braunkohlevorkommen im nahen Umfeld forcierten die Ansiedlung von Betrieben, unter anderem des Maschinenbaus, für Eisengießereien, Armaturen- und Dampfkesselbetriebe. Intensiv betriebene Landwirtschaft begründete eine industrielle Lebensmittelindustrie mit Zucker- oder Malzfabriken, Brauereien und Mühlen. Die Stadt wurde zu einem Zentrum der mitteldeutschen Industrieregion. Bereits ab 1840 war die Stadt an das Eisenbahnnetz angeschlossen. Parallel entwickelte sich die städtische Infrastruktur: Halle verfügte ab 1891 über das erste elektrifizierte Straßenbahn-

netz Deutschlands. Neue öffentliche Bauten sollten das Stadtbild für eine lange Zeit prägen, so eröffnete 1890 der neue Hauptbahnhof mit seiner zum Vorplatz gewandten schlossähnelnden Fassade oder das 1905 im Stil historisch-wilhelminischer Justizbauten errichtete Landgericht. ▬ Um die Jahrtausendwende zählte Halle bereits 150.000 Einwohner, Tendenz steigend. Für deren Versorgung hatte die Stadt schon lange Großprojekte in Planung, die nun in einer Phase des wirtschaftlichen Aufschwungs und wachsenden städtischen Selbstbewusstseins dem Stadtbaurat Jost zur Verwirklichung angetragen waren. Es war seine Chance, die Gestaltung einer ganzen Stadt zu steuern, und das unter dem Aspekt der verantwortungsvollen Bewahrung des Alten. ▬ Das entsprach ganz dem Anliegen des damaligen Oberbürgermeisters Richard Robert Rive, der die Heimat- und Denkmalschutzbewegung engagiert unterstützte und sich u.a. für den Kauf der Unterburg Giebichenstein und deren Ausbau für die bereits 1915 gegründete Kunstgewerbeschule aussprach. Deren Direktor war der aus München stammende Architekt Paul Thiersch, der übrigens 1926 zusammen mit Gerhard Marcks, dem Künstler und

Westseite Neue Residenz 1735, Serresches Stammbuch

Westseite Neue Residenz 2017

Leopoldina – Nationale Akademie der Wissenschaften

Schöpfer der figürlichen Brücken-Baukunst von Kuh und Pferd, die markante Giebichensteinbrücke entwarf.

Bauliche Zeugnisse aus der Zeit der Reformation, die der Stil- und Kulturepoche der Renaissance zuzuordnen und Kriegszerstörung und Verfall entgangen sind, gibt es heute wenige, aber wesentliche in der Stadt der Halloren. Man muss den Spuren des damaligen Landesherrn Albrecht von Brandenburg, Erzbischof von Magdeburg und Mainz, Träger vieler weiterer Titel, ab 1518 auch Kardinal, durch seine Lieblingsresidenz Halle folgen, die er durch gravierende Eingriffe in die mittelalterliche Topografie hin zu einer repräsentativen, Macht und Herrlichkeit atmenden Stadt zu verändern suchte. Der bauliche Zusammenschluss zweier markanter Kirchen ließ ein großes, erhabenes Gotteshaus mit nunmehr zwei Turmpaaren – die ➲ *Marktkirche Unser Lieben Frauen* – an zentraler Stelle für die Ausrichtung noch prachtvollerer Messen und Gottesdienste entstehen. So jedenfalls der Plan, den Luthers Schmähschrift gegen den Förderer des Ablasshandels mit Aufkeimen der Reformation von Wittenberg aus durchkreuzte – und ein neuer Geist in Kirche, Stadt und Land einzog.

Die „Blauen Türme" von einst St. Gertrauden und die „Hausmannstürme" von einst St. Marien bilden gemeinsam mit dem fünften, einem italienischen Campanile gleichenden „Roten Turm" bis in die Gegenwart die begeisternde Silhouette der Saalestadt. Die traditionell zu den Kirchen gehörenden Friedhöfe wurden aufgegeben und außerhalb der Stadt der ➲ *Stadtgottesacker*, ein Campo Santo, angelegt. —— Die Residenz der Erzbischöfe war zu jener Zeit die von Ernst II. von Sachsen 1484 erbaute ➲ *Moritzburg*. Sie heute als Kunstmuseum des Landes Sachsen-Anhalt zu wissen, hätte Albrecht, dem kunstsinnigen Mäzen, sicher gefallen, auch die Rettung der Ruine der durch Krieg zerstörten Burg durch mutig-neue, vom Zeitgeist getragene Architektur. Denn: Er war aufgeschlossen, geradezu vernarrt in alles Schöne. Daher ließ er sich nicht nur die alte Dominikanerkirche zu seinem, dem heute als ➲ *Dom* bekannten „Neuen Stift" umbauen und von den besten Künstlern seiner Zeit legendär ausgestalten, es war der bis dahin größte, jemals ausgelöste Kunstauftrag. Daneben entstand der „Newe Baw", heute die ➲ *Neue Residenz*, ein früher Renaissancebau erster Güte, geadelt als einer der „Leitbauten der mit-

Siedlung Vogelweide

teldeutschen Frührenaissance"[42], dessen Glanzzeit jedoch lang verblichen ist und noch immer besseren Zeiten harrt. Gebaute Reformation in Halle – das ist nicht zuletzt der von glühendem Pietismus agierende, lutherische Theologe und Pädagoge August Hermann Francke, dessen einst aus Armenschule und Waisenhaus begründete Schulstadt bis heute als pulsierender „Bildungskosmos"  *Franckesche Stiftungen* in das Leben der Saalestadt hineinwirkt. ▬ Damals wie auch im beginnenden 20. Jahrhundert war die Stadt offen für Veränderungen. Unter der Flagge einer Moderne stellte sie sich während Deutschlands erster parlamentarischer Demokratie in der Weimarer Republik den vielschichtigen Anforderungen einer neuen Zeit und eines neuen Geistes. Gar eine „Stadtkrone" – eine Stadthalle als Konzertsaal samt Museum und Sportanlagen – war 1927 für die Anhöhe Lehmanns Felsen über einen Wettbewerb gesucht, zu dem sich die damalige Architekturelite Deutschlands in Halle versammelte, darunter  *Walter Gropius*, Hans Poelzig oder Peter Behrens[43]. Im gleichen Maße bewiesen sich die in der Saalestadt tätigen Architekten in Abkehr des in der Gründerzeit geradezu zelebrierten Historismus man-

nigfach reformbereit und hinterließen in dieser Phase der Stadtentwicklung ihren unauslöschlichen Fußabdruck. Neben Wilhelm Jost waren das u.a.  *Bruno Föhre*, für ihn sei hier exemplarisch das Kaufhaus Lewin am Marktplatz (1929) mit seiner Art Déco Ornamentik, für  *Martin Knauthe* das wegweisende Gebäude für die AOK (1931), für  *Wilhelm Ulrich*, dem Meister der hexagonalen Architektur, seine Dreieinigkeitskirche (1930) oder für  *Heinrich Faller* die Siedlung Vogelweide (1931) genannt. Die Siedlungsbauten Halles stehen für einen neuen, zumeist vom Funktionalismus geprägten Baustil, der sich in großen, nicht selten genossenschaftlich errichteten Siedlungen mit Wohnraum zu erschwinglichen Preisen an eine große Masse von Menschen fern miefiger Mietskasernen wandte, die in die prosperierende Stadt zu neuen Arbeitschancen strömten. Ihre Wurzeln hatten diese Konzepte in der in England begründeten Gartenstadtbewegung, deren Ideale  *Hermann Frede* in seiner frühen Gartenstadt am Mühlrain von 1914 (dem heutigen Thaerviertel) buchstabengetreu umsetzte. Aber ob Jost, Föhre, Knauthe, Ulrich, Faller oder Frede – sie alle stehen stellvertretend für herausra-

Allgemeine Ortskrankenkasse AOK

gende Protagonisten einer Architektur-avantgarde, die in Halle an der Saale – der im Zweiten Weltkrieg glückhaft weitgehend unzerstörten Stadt – ein spannendes Erbe des Neuen Bauens hinterließen. Es wirkt bis heute als Maßstab, wenn im Zeichen der Moderne neu-, um- oder weitergebaut wird.

Ratshof

Treppenhaus Wohn- und Geschäftshaus
Clara-Zetkin-Straße 15

1 MORITZBURG (2008)

Friedemann-Bach-Platz 5
Architekten: unbekannte Baumeister; Nieto Sobejano Arquitectos S.L.P, Madrid und Berlin
Bauherr: Stiftung Moritzburg, Kunstmuseum des Landes Sachsen-Anhalt, Halle (Saale)

Die Moritzburg war nach der Burg Giebichenstein die zweite erzbischöfliche Residenz in Halle. Ernst II. von Sachsen hatte die vierflügelige Anlage mit einst spitz behelmten Türmen und stadtseitigen Eckbastionen ab 1484 bis 1503 oberhalb der Mühlsaale errichten lassen. Ihre trutzig zur Schau gestellte Wehrhaftigkeit war neben dem Schutz vor äußerem Feind auch als solche vor der 1482 unterworfenen Stadt zu verstehen. Ernsts Nachfolger, der Kunst und Pracht liebende Kardinal Albrecht von Brandenburg, verlieh der Zwingburg mit exquisiter Innenausstattung, – darunter Kunstwerke aus der Wittenberger Cranachwerkstatt, von Matthias Grünewald oder Albrecht Dürer – eine repräsentativ-üppige, der italienischen Renaissance abgeschaute Eleganz. Die aber kostete. Geld beschaffte Ablasshändler Johann Tetzel und säte gleichzeitig Widerstand: Luthers in Wittenberg veröffentlichten 95 Thesen „Propositiones Lutheri wider das Ablas" zielten direkt in die Moritzburg. Der Reformation weichend floh Albrecht schließlich 1541. Die Burg blieb, wurde indes im Dreißigjährigen Krieg stark zerstört. In Teilen wiederaufgebaut und vielfach fremdgenutzt wurde sie erst ab 1903 museal genutzt. Bereits ab 1952 war sie die Staatliche Galerie Moritzburg. Mit der politischen Wende ergab sich die Chance, hier das Kunstmuseum des Landes Sachsen-Anhalt einzurichten. 2003 wurde ein europaweiter Realisierungswettbewerb ausgelobt und die Moritzburg auf der Grundlage des Siegerentwurfs saniert, um- und ausgebaut: Leichte, edel schimmernde Aluminiumdächer schweben seither über der konservierten Ruinenfassade, das Innere prägen abgehängte „weiße Boxen" vor Ruinenwänden – ein konstruktiv wie statisches raffiniert-gekonntes Weiterbauen im Erbe.

ARCHITEKT TOUREN®

AUSZEICHNUNG
ARCHITEKTURPREIS
DES LANDES SACHSEN-ANHALT

13

2 DOM (1271 (AB) BIS 1526/1997)

Domplatz 3
Architekten: Bastian Binder; Hartkopf . Rüger . Architekten, Halle (Saale)
Bauherr: Kulturstiftung Sachsen-Anhalt, Leitzkau

Es war eine Rochade mit päpstlichem Segen im kühlen Kalkül des Kardinals. Albrecht von Brandenburg ließ 1519 die Mönche des Dominikanerordens in die nahe Moritzkirche umziehen und nahm deren schlichte hochgotische, 1330 vollendete Ordenskirche als Vorlage für seinen „Dom" – das „Neue Stift" zu Halle –, zugleich die ranghöchste Kirche in der Erzdiözese nach dem Dom in Magdeburg. Prachtvoll und nach heutigen Maßstäben kaum nachvollziehbar wurde um- und eingebaut, weithin sichtbar die Attika um einen Kranz renaissancegeprägter Rundbogengiebel ergänzt, eine Mode, die hier erstmals nördlich der Alpen Verwendung fand. ⸻ Sagenumwogen war die Ausstattung. Mit 142 Bildern und 16 Altären aus der luthernahen Cranachwerkstatt in Wittenberg (!), der Erasmus-Mauritius-Tafel von Matthias Grünewald (mit Albrecht in Darstellung des Erasmus) sowie wertvollen Teppichen und kunstvoll gewirkten Stoffen wuchs ein Gesamtkunst-werk, dessen Mittelpunkt das legendäre „Hallesche Heilthum" war. Die von Erzbischof Ernst von Sachsen begonnene Reliquiensammlung vermehrte sich unter Albrecht zu der größten aller Zeiten und gab zusammen mit dem glühenden Verfechter der päpstlichen Ablassregelung den Anstoß für Luthers Kritik „Wider den Abgott zu Halle". ⸻ Der Schatz verließ mit Albrecht 1541 die Saalestadt Richtung Aschaffenburg und Mainz. Das wenig Verbliebene – u.a. die mit Reliefs geschmückte Sandsteinkanzel von 1526, das kunstvoll geschnitzte Chorgestühl von 1525/30 sowie der Zyklus der für die Bildhauerkunst jener Zeit herausragenden 17 (einst 18) Pfeilerfiguren – nährt die Erinnerung. Heute zeigt sich die Kirche im Stil des Barock, mit dem August von Sachsen-Weißenfels im 17. Jahrhundert das Hausinnere überzog.

3 NEUE RESIDENZ (AB CA. 1531)

Domstraße 5
Architekten: Andreas Günther u. a.

In seiner Ausstattung ebenso kostspielig wie kunstsinnig frönte des Kardinals Stadtpalast dem Stil feinster, venezianischer Frührenaissance. Albrecht von Brandenburg hatte die Neue Residenz ab 1531 über der Mühlsaale anstelle des städtischen Hospitals St. Cyriacus neben der heute als Dom bekannten Kirche erbauen lassen. Er bildete den dritten großen Residenzbau der Magdeburger Erzbischöfe in Halle nach der Burg Giebichenstein und der Moritzburg. ▬ Die unregelmäßige Vierflügelanlage war einst an ihrer Wasserseite von rundbogigen Giebelerkern bekrönt und von einer Brücke flankiert, italienisch-heitere Leichtigkeit vermittelte der von Arkadengängen umsäumte Innenhof. Die Kardinalskapelle „Aller Heiligen" im Nordflügel grenzt die Anlage zum Hof des Domes ab, das Halbrund ihrer Apsis reicht in den Straßenraum neben Renaissanceportal und Pforte mit Albrechts Wappen. ▬ Glanz und Zierde jener Jahre sind heute ebenso verblichen wie die langgehegte Meinung, Albrecht hätte den Neubau als Collegiengebäude (und nicht als seinen Wohnsitz) errichtet. Unbestritten ist, dass der Kardinal bereits 1520 mit dem Dom das Kollegiatstift St. Moritz und Maria Magdalena gegründet und für dessen Erweiterung als humanistisch geprägte Universität schließlich 1535 den päpstlichen Segen erhalten hatte. Dieses Gegengewicht zum reformatorischen Wittenberg und seiner Leucorea blieb jedoch nur eine kurze Episode, die mit dem Weggang Albrechts aus Halle 1541 jäh endete. Erzbischöfe des Magdeburger Erzbistums, später auch weltliche Administratoren, bewohnten in der Folge die Neue Residenz, Herzog August von Sachsen-Weißenfels führte sie zu einer letzten großen Blüte. ▬ Das Baudenkmal ist trotz begonnener Sanierung in Rettungsnot, dem museale wie universitäre Umnutzungen sowie jahrelanger Leerstand deutlich zugesetzt haben.

4 MARKTKIRCHE UNSER LIEBEN FRAUEN
(AB 1529 BIS 1983)

Marktplatz 12

Wie kaum ein anderes Bauwerk steht die Marktkirche St. Marien – gemeinsam mit dem Roten Turm das Wahrzeichen Halles – für zweierlei: die hochfliegenden Ambitionen des Bauherrn Kardinal Albrecht und hallesche Reformationsgeschichte. Den Bau einer Prachtkirche in der Mitte der Residenzstadt konnte er mit Hilfe der Altgläubigen im Rat durchsetzen, ihm war es jedoch weder vergönnt, sich über ihre Fertigstellung zu freuen, noch konnte er verhindern, wie von eben jener Kanzel protestantisch gepredigt wurde. Der Reformator Justus Jonas d. Ä. wurde 1541 ihr erster evangelischer Prediger, Luther predigte 1545/46 hier. ▬▬ Die Marktkirche mit den vier markanten Türmen entstand zwischen 1529 und 1554 aus den beiden Vorgängerkirchen St. Gertruden sowie St. Marien. Ihre Verschmelzung gelang durch den Abriss beider Kirchenschiffe und den Bau einer neuen zehnjochigen, chorlosen Halle mit drei gleich hohen Schiffen zwischen den verbliebenen Turmpaaren, den spitzbehelmten „Blauen Türmen" sowie den renaissancegeprägten „Hausmannstürmen". ▬▬ Im Innern säumen elf schlanke Achteckpfeilerpaare das breite Mittelschiff, sie scheinen in das zart gespannte, spätgotische Netz- und Sterngewölbe hineinzuwachsen. Albrechts Konterfei ist bis heute hier zu finden: im farbenprächtigen Flügelaltar aus der Wittenberger Cranachwerkstatt von 1529. Reformationsbezogene Schriftfriese zieren indes die Emporen, so unter anderem die nördliche mit einer Luther gewidmeten Gedenkinschrift nebst Bildnis. ▬▬ Die zur Marktkirchengemeinde gehörende Marienbibliothek, heute in einem 1888 vis-á-vis errichteten Bau beheimatet, gilt als die älteste und größte Kirchenbibliothek Deutschlands.

5 STADTGOTTESACKER
(AB 1529 BIS 1594/1818/1998/2004 BIS HEUTE)

Gottesackerstraße 7
Architekten: Nickel Hoffmann; Städtischer Verschönerungsverein, Därr Landschaftsarchitekten, bdla Halle (Saale), Dr.-Ing. Helmut Stelzer und Dipl.-Ing. Thomas Zaglmaier GbR, Architektur und Denkmalpflege, Halle (Saale)

Ein Hauch von Italien hat sich auf Halles Martinsberg bewahrt: 1529 wurde hier der erste außerstädtische Begräbnisplatz Halles geweiht, eine umfriedete Anlage, die ab 1557 mit überwölbten Grüften hinter kunstvoll gestalteten Rundbogenarkaden mit sandsteinernen Schwibbögen ergänzt und unter Leitung des Ratsbaumeisters Nickel Hoffmann bis 1594 fertiggestellt wurde – ein Campo Santo (ital. „heiliges Feld") nach italienischem Vorbild, etwa jenem in Pisa, dem Camposanto Monumentale von 1358, folgend. Hintergrund für die Neuanlage war das große Bauvorhaben Kardinal Albrechts, auf dem halleschen Marktplatz mit der Zusammenlegung der Marktpfarrkirchen ein neues Kirchenhaus zu erschaffen. Im selben Zuge wurde die Schließung der beiden umgebenden Friedhöfe veranlasst, der Platz vor den Toren der Stadt als neuer Friedhof verfügt. —— Schon zu Zeiten großer Epidemien war der Martinsberg Ort von Massenbestattungen gewesen. Nun kam er auf des Kardinals Geheiß zu neuer Ehre, aber sicher nicht, um Martin Luther zu gefallen, der seinerzeit proklamierte, für Bestattungen einen „feinen, stillen Ort ... draußen vor der Stadt einzurichten". Bedeutende Hallenser haben hier ihre letzte Ruhe gefunden: der Pietist und Gründer der ➜ *Franckeschen Stiftungen* August Hermann Francke (Nr. 80/81) oder die Luther-Anhängerin Felicitas von Selmnitz (Nr. 12), die ihre reformatorische Büchersammlung der Marienbibliothek schenkte. Stark verwahrlost war das Baudenkmal, um dessen Sanierung und Erhalt sich seit 1990 ein Bürgerverein aktiv bemüht, zeitgenössisch interpretierte Schwibbögen konnten ergänzt werden. —— Halles Stadtgottesacker gilt als deutschlandweit einmaliges Meisterwerk der Renaissance, weitere finden sich in Lutherstadt Eisleben mit dem ➜ *Kronenfriedhof* (Campo Santo) und im thüringischen Buttstädt.

6 FRANCKESCHE STIFTUNGEN (AB 1698 BIS HEUTE)

Franckeplatz 1
Architekten: August Hermann Francke, Georg Heinrich Neubauer, Martin Grünberg (ungewiss), Johann Gottlieb Angermann, Ernst Steudener, Friedrich Julius Lohse, Rudolf S. F. Steinbeck; Wilfried Ziegemeier, Halle (Saale), DRESSLER ARCHITEKTEN BDA, Halle (Saale)
Bauherr: Franckesche Stiftungen, Halle (Saale)

Sie sind das gebaute Sinnbild des halleschen Pietismus, dessen Hauptvertreter der evangelische Theologe, Pädagoge und Gründer der heute nach ihm benannten Stiftungen August Hermann Francke war – Lebenswerk des glühenden Verfechters gestrengen, frommen Wirkens, dessen 1695 gegründete Armenschule zum Bau des 1701 eröffneten Waisenhauses – und schließlich einer ganzen Schulstadt mit weltweiter Vernetzung führte. Francke verfolgte die Idee einer Universalreform der Gesellschaft, die den Einzelnen und dessen Bildung und Erziehung in den Mittelpunkt stellte – ein Idealbild, das ihn zwar in Konflikt zur lutherischen Orthodoxie, ihm aber weltweiten Einfluss brachte. —— Über die Zeiten wuchs in Halle eine Stadt in der Stadt, ein einzigartiger Komplex auf 14 Hektar mit mehr als 40 Gebäuden. Als Flügel des überraschend repräsentativen Haupthauses mit großem Mansarddach und Schmuckgie-

bel entstand mit 110 Metern das längste Fachwerkhaus Europas. Die barocke, aber durchweg dekorfreie Zweckarchitektur ist wohl niederländischen Waisenhäusern abgeschaut. —— Die von Linden bestandene Allee im Hof mag Ruhepol im sich immer wieder neu erfindenden „Bildungskosmos" sein, dessen gefährdeter Baubestand nach 1990 sukzessive gerettet und durch die vielzähligen pädagogischen, wissenschaftlichen, kulturhistorischen und musealen Einrichtungen – darunter die Bundeskulturstiftung – ergänzt werden konnte. Bis heute gehen Kinder der Saalestadt hier zur Schule. Und es wird unaufhaltsam weitergedacht und -gebaut: Das ehemalige Magazin- und Druckereigebäude der Cansteinschen Bibelanstalt erfährt bis 2020 eine denkmalgerechte Sanierung sowie den Um- und Ausbau zu einem Gemälde- und Museumsdepot.

10

WILHELM JOST (1874–1944)

7 WASSERTURM SÜD (1928), Lutherplatz
8 TRANSFORMATORENSTATION (1929), Universitätsring/Ecke Geiststraße
9 PESTALOZZISCHULE (1929), Vor dem Hamstertor 12
10 RATSHOF (1929), Marktplatz 1
11 ARBEITS- UND BERUFSAMT (1930), Am Steintor 14/15

1912 trat Wilhelm Jost die Stelle eines Stadtbaurats und Leiter des Hochbauamtes in Halle an. Da hatte er bereits im Großherzogtum Hessen als Beamter der Staatlichen Bauverwaltung größere Bauvorhaben betreut und dort mit seinem Faible für Bauforschung und Denkmalschutz deutliche Zeichen gesetzt. In Bad Nauheim baute er bis 1911 den „Sprudelhof", Bade-, Kur- und Wirtschaftsanlagen, in denen der gebürtige Darmstädter Jost das umsetzte, was er 1901 während einer Jugendstil-Ausstellung in seiner Heimatstadt als prägend für sich empfunden hatte: sich mit „etwas Neuem" gegen das „Wiederkauen alter Stile"[44] abzugrenzen. ——— Die Liste seiner in Halle umgesetzten Verwaltungs-, Schul- und Altenheimbauten, solche für die Industrie oder den Sport gleicht der Legende zu einem Stadtplan: allesamt große Projekte, die seinerzeit noch vor Ausbruch des Ersten Weltkrieges auf den Weg und schließlich auch (unter Mitar-

beit und Einbeziehung weiterer Architekten) zu Ende gebracht werden konnten. Das waren unter anderem das Schulgebäude in der Roßbachstraße (1915), die Anlage des großartigen Gertraudenfriedhofs im Landrain (1914) oder das Alten- und Pflegeheim in der Beesener Straße (1916). Das Stadtbad in der Schimmelstraße (1915) oder auch die Sparkasse in der Rathausstraße (1915) wiederholen Josts ureigenes Anliegen, die Stadt sanft weiterzubauen und die neuen Bauten organisch in den vorgegebenen, historisch gewachsenen Stadtkörper zu integrieren. Josts Häuser sind vielfach verputzt auf einem Sockel aus Werkstein ruhend und einem steilen Dach gedeckt, mit Vor- und Rücksprüngen, Giebeln und Erkern sowie der Eingangsbetonung durch figürlichen Bauschmuck. Es liegt wohl darin seine Baukunst: bei Zurückhaltung der eigenen eitlen Ambitionen stets die Funktion und das große Ganze im Blick behalten, dabei, ja auch, For-

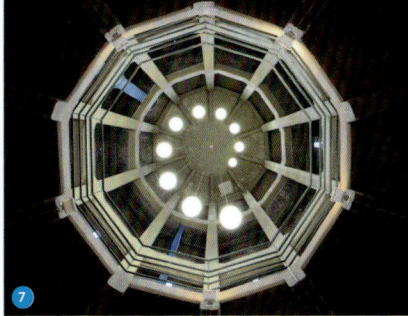

men gemischt, aber stets in Harmonie zu den baulichen Nachbarn verwendet zu haben. Dafür spricht der in das Sparkassengebäude im Sinne eines gelebten Denkmalschutzes eingefügte historische Barockerker aus dem späten 17. Jahrhundert. —— Offen für das Neue Bauen zeigte sich Jost nach dem Ersten Weltkrieg. Auf ihn gehen unter anderem das Solbad Wittekind (1925) sowie der hochmoderne Bau des bis heute den Marktplatz prägenden Ratshofs (1929), beide mit figürlichem Bauschmuck des Bildhauers Gustav Weidanz, der funktional-expressive zehneckige Wasserturm Süd samt Anbau (1928, zusammen mit Oskar Muy), die Pestalozzischule (1929, zusammen mit Walter Engels) und ebenso die vielfachen Transformatoren- und Verteilerstationen zurück, die zwischen 1924 und 1929 im Zuge der Erneuerung des Stromnetzes entstanden und die man überall im Stadtbild mit ihren zweckmäßigen, im Detail aufwendigschönen, überwiegend Klinkerfassaden finden kann. Auch das „Gesundbrunnenbad" (nach 1930) sowie das alte „Kurt-Wabbel-Stadion" (1937), beide abgerissen, gehen auf Wilhelm Jost zurück. —— Jost gilt als „Schöpfer" oder „Erfinder" Halles, ein Urteil, über das sich der Architekt, der mit der ihm eigenen

Widerstandskraft drei politische Systeme als Stadtbaurat bis zu seiner Pensionierung 1939 überstand und dabei über 50 Bauten verantwortete, sicher freuen würde. Wenngleich sein Reformstil als „gemäßigt" gilt und mit dem Prädikat einer eher „verhaltenen Modernität"[45] gewürdigt wurde: Ohne das Wirken eines Wilhelm Jost trüge die Saalestadt Halle heute ein anderes Gesicht.

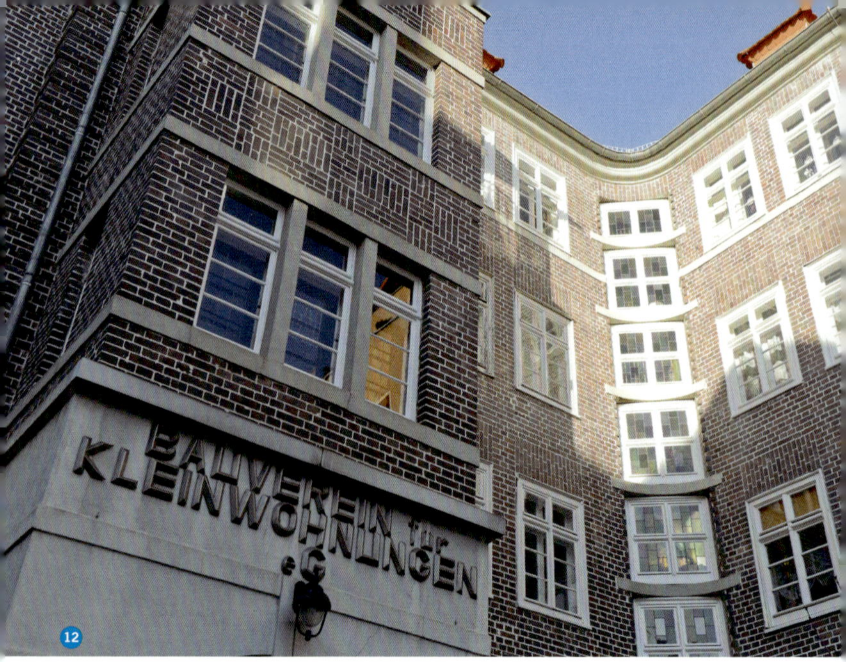

HERMANN FREDE (1883–1965)

12 SIEDLUNG AM JOHANNESPLATZ (1920–1930)
13 VILLA HARTMANN (1922), Neuwerk 1
14 BANKGEBÄUDE (1925), Maxim-Gorki-Straße 4
15 VERWALTUNGS- UND WOHNGEBÄUDE (1927), Dittenberger Straße 7/7a

Ein Architekt prägt seine Stadt. Ob Siedlungsanlagen, Verwaltungs- und Industriebauten oder Wohn- und Geschäftshäuser: Hermann Frede hinterließ ein beeindruckendes Gesamtwerk in seiner Wahlheimat Halle (Saale). Mit seinem 1912 gegründeten Büro wirkte er aber auch im weiten Umkreis: unter anderem in Merseburg, Bitterfeld oder Wittenberg. —— Die „Gartenstadt am Mühlrain“, heute „Thaerviertel“, war sein erster großer Auftrag als selbständiger Architekt, den er für den Bauverein für Kleinwohnungen e.G. Halle (Saale) trotz Kriegsausbruch verwirklichen konnte: eine bis 1919 errichtete, in ihrem spielerischen Wechsel von trauf- und giebelständigen Häusern eher ländlich wirkende Arbeitersiedlung. Weitere Wohnanlagen folgten unter anderem im weiten Rund um den hufeisenförmigen Johannesplatz 1920 bis 1930 oder in der „Wörmlitzer Straße“ bis 1927. Er wurde „Hausarchitekt“ für den Bauverein, der seinen neuen Verwaltungssitz im Erdgeschoss eines ebenfalls 1927 errichteten Mietshauses in der Dittenberger Straße 7/7a nahm: der Eingang von einem Kastenerker betont, die Klinkerfassade kunstvoll, fast ornamental ausgeführt. —— Private Villen wie jene für Walter Hartmann (1922), heute Medienzentrum der Burg Giebichenstein Kunsthochschule Halle, oder die der Brandensteins (1924) sehen sich eher traditionell-neoklassizistischen Bauformen verpflichtet, während eine wahre Fülle von klaren, axialsymmetrisch ausgewogenen Verwaltungsgebäuden – etwa die Landwirtschaftliche Central Genossenschaftsbank (1925), heute Amt für Versorgung und Soziales, oder das für die IG Farben (1929), heute Statistisches Landesamt, – Frede als starken, wenn auch konservativen Protagonisten der Moderne ausweist.

WILHELM ULRICH (1890–1971)

16 HAUS ULRICH (VILLA „ZU DEN SIEBEN WABEN") (1925), Ratswerder 7
17 HAUS HUTH (1926), Hoher Weg 13
18 PFARRKIRCHE ZUR HEILIGSTEN DREIEINIGKEIT (1930), Lauchstädter Straße 14b

Das „Haus zu den sieben Waben", das er 1925 für seine Familie auf dem Ratswerder erbaute, ist wie die 1930 entstandene Katholische Pfarrkirche „Zur Heiligsten Dreieinigkeit" in Halles Südstadt nahe dem Lutherplatz ein beredetes Zeichen für das, was den Architekten Wilhelm Ulrich zeitlebens umtrieb: das Hexagon. Er war überzeugt: Das Sechseck erreicht eine höhere Flächenökonomie, und diesen Nachweis führte er insbesondere mit seinem Wohnhaus auf sechseckigem Grundriss = sieben (Bienen)Waben. Der Wabenkörper stand für ihn zudem sinnbildlich für einen perfekten kollektiv-funktionierenden Organismus. —— Ulrichs Dreieinigkeitskirche für das 1923 in Halle wieder eingerichtete Franziskanerkloster begeistert seit ihrer Sanierung 2010 den Eintretenden zunächst mit einem unerwartet lichten Farbenspiel von Erdrot, Goldgelb bis Himmelblau. Der Hausgrundriss folgt konsequent der Funktion, bildet dabei ein gleichseitiges Dreieck, das im Eigent-

lichen jedoch einem Sechseck mit gebrochenen Ecken entspricht. Die drei Geschosse sind jeweils um 90 Grad zueinander ver- und aufeinandergesetzt, wobei das Zwischengeschoss dann wieder die Ausgangsstellung einzunehmen scheint. Vertikale Fenster bestimmen den Gemeinderaum, die horizontalen bilden ein fast zusammenhängendes Band im Lichtgeschoss. Das Auge blendend: die sechs goldfarbenen, einen Baldachin tragenden Säulen des Altarraums, der in den 1960er-Jahren neu ausgestattet wurde. —— Das „Kaufhaus Huth", das Ulrich 1926 zusammen mit seinem halleschen Architekten-Onkel Gustav Wolff am Marktplatz verwirklichte, galt als der wichtigste Warenhausbau sachlich-moderner Stilhaltung in Halle, wurde 1993 jedoch abgerissen.

MARTIN KNAUTHE (1889–1942)

19 BÜROHAUS SERNAU (1922), Forsterstraße 29
20 VERWALTUNGS- UND WOHNHAUS (KRANKENKASSENVERBAND) (1928), Clara-Zetkin-Straße 15
21 ALLGEMEINE ORTSKRANKENKASSE AOK (1931), Robert-Franz-Ring 16

Mit dem Verwaltungsgebäude der Allgemeinen Ortskrankenkasse konnte Martin Knauthe den wichtigsten und letzten Bau seines überwiegend in der Saalestadt umgesetzten Hauptwerkes verwirklichen. Vorher, 1913/14, hatte er im „Büro für Architektur und Städtebau" von Arthur und ➔ *Bruno Föhre*, ab 1914 im Hochbauamt unter ➔ *Wilhelm Jost* an Projekten wie dem Gertraudenfriedhof (1914) sowie dem Stadtbad (1915) mitgearbeitet. Ab 1919 bis zu seiner Übersiedlung in die damalige Sowjetunion 1932 arbeitete er als freier Architekt, mit Alfred Gellhorn verband ihn 1922 bis 1926 eine Architektengemeinschaft. —— Es ist die geometrische Figur der Parabel, auf die Knauthe beim Verwaltungstrakt seines AOK-Baus zurückgriff, ihm zugleich einen straßenseitigen, Schiffsbug ähnelnden Flügel beistellte und beide mittels eines runden Treppenhauses verband. Es sind hervortretende und sich staffelnde, teils halbrunde Baukörper, die den spannenden Komplex ebenso cha-

rakterisieren wie die konsequent umlaufenden Fensterbänder. Die Brüstungen waren ursprünglich aus lichtdurchlässigem Walzglas gestaltet, heute sind es Keramikplatten. Licht flutet durch die gebogene Kassenhalle im Erdgeschoss, deren prismenförmige Decke verglast und von Säulen getragen ist. Ein weiter Lichthof öffnet sich darüber, davon profitieren die zwei Obergeschosse. —— Neben der AOK-Zentrale geht auf Knauthe der 1927 verwirklichte Bau eines Verwaltungs- (und Wohn)gebäudes des Krankenkassenverbandes Sachsen-Anhalt in der Clara-Zetkin-Straße 15 zurück: Es sind drei gegeneinander verschobene Baukörper, eine markante Vertikale bilden die zwei durchgehenden Fensterbänder. Die Kassenverwaltung befand sich damals lediglich im Erdgeschoss, diese Räume sind mit Liebe zum Detail von privater Hand denkmalgerecht saniert worden.

WALTER TUTENBERG

22 GROSSGARAGE SÜD (1929), Pfännerhöhe 70/Liebenauer Straße

Superlative prägen die Geschichte der „Großgarage Süd": Sie ist eines der ältesten erhaltenen Parkhäuser Deutschlands und war über Jahrzehnte das überhaupt einzige in der Saalestadt. Die Garage war bis zum Jahr 1929 vom Bauingenieur und Betreiber eines Baugeschäfts Walter Tutenberg errichtet und nahtlos in die Wohnanlage „Johannesplatz" (➔ *Hermann Frede*) integriert worden. Sie zählte rund 150 Stellplätze nebst Aufzug und Verschiebebühne, mit der die Fahrzeuge in die Parkboxen auf drei Etagen verteilt werden konnten. ▬ Sparsam und sachlich folgt die Architektur den Funktionen des einer Industriehalle ähnelnden Gebäudes: Neben leichten Glaselementen, die auf dem Dach und an der giebelseitigen Fassade für optimalen Lichteinfall sorgen, sind Stahl, Eisen und Beton wohldurchdacht und zweckmäßig im Inneren verwendet. Die weiteren Fassadenteile gleichen sich hingegen wie ein Chamäleon den benachbarten Siedlungsbauten mit Putzfassade und bandartig angeordneten Fenstern an. ▬ Seine Geschäftsidee hatte Tutenberg wohl in Europas Groß-

städten und/oder in Übersee gefunden, wo mit wachsendem Verkehr und mangelndem Platz Garagen in die Höhe schossen. Autoaffine Dienstleistungen avancierten zur wertvollen Ware. So bot er neben dem Parken die Wagenreinigung, auch Autozubehör, Aufenthalts-, Wasch- und Schlafräume für Chauffeure und natürlich Benzin in einer vorgelagerten Tankstelle an – eine „großstädtische Karawanserei", wie eine Zeitung 1929 zu Eröffnung schrieb. ▬ Seit 1992 stillgelegt und dem Verfall preisgegeben, erwarb und sanierte ab 2007 der Bauverein Denkmal GmbH das technische Denkmal, es wurde anstelle des historischen Aufzuges um eine der Architektur verpflichtete, mit opaken Elementen verkleidete Spiralauffahrt auf der Ecke ergänzt.

BRUNO FÖHRE (1883–1937)

23 KAUFHAUS LEWIN (1929), Marktplatz 3–7
24 GESCHÄFTSHAUS (FEINKOST POTTEL UND BROSKOWSKI) (1927), Waisenhausring 16
25 WOHLFAHRTSGEBÄUDE MIT NOTKIRCHE (1933), Diesterwegstraße 16

Er gilt als der wohl „meist beschäftigte Baumeister im Kaufhausbau" seiner Heimatstadt Halle an der Saale: Bruno Föhre, der gemeinsam mit seinem Bruder Arthur das „Büro für Architektur und Städtebau" unterhielt. Große Geschäftshäuser tragen ihre Handschrift, das bekannteste war – das 1928 erbaute, leider kriegszerstörte – Kaufhaus Ritter (Ritterhaus) in der Leipziger Straße 29 mit expressiver, reich gegliederter Backsteinfassade und prachtvoller Baukeramik.
—— Geblieben sind andere, etwa das Kaufhaus Lewin (1929) am Marktplatz 3–7, das neben dem Stadthaus die südliche Platzfront schließt. Das kubischmonumentale Haus mit zurückgesetztem Turm auf seiner Westseite steht auf einer zum Platz umlaufenden Pfeilerreihe. Am markantesten wirkt indes das die hellgraue Muschelkalkfassade schmückende Beiwerk: Wie eine Krone umläuft ein Art-Déco-Fries die Attika des Hauses.
—— Streng-sachlich führte Föhre den Umbau des Wein- und Feinkost-Hauses Pottel & Broskowski an der Leipziger Straße/Ecke Waisenhausring (1927) aus, mit werksteinverblendetem Erdgeschoss, einer gefälligen Rundung zur Ecke sowie zurückgesetztem Dachgeschoss. ——
Föhres Schaffen in Halle indes auf moderne Kaufhausarchitektur zu reduzieren, würde ihm – der vom traditionsbewussten Bauen über den Expressionismus zum Neuen Bauen fand – jedoch nicht gerecht werden. Ganz dem Stil der Neuen Sachlichkeit verpflichtet entstand unter anderem das in schlichter Ziegelarchitektur erbaute Gemeindezentrum in der Diesterwegstraße „Am Gesundbrunnen" (1933), ein einst größer gedachtes Vorhaben mit Kirche. Er verstand es meisterhaft wie viele Reformer seiner Zeit, Funktionalität mit einer eigenen Ästhetik zu verbinden.

HEINRICH FALLER (1895–1945)

26 WOHNANLAGE (1925), Merseburger Straße/Freiligrathstraße/Karl-Schurz-Straße
27 SIEDLUNG VOGELWEIDE (1931), Vogelweide 1–29
28 WOHNANLAGE REILSHOF (1936), Reilstraße/Fischer-von-Erlach-Straße/
Wolfensteinstraße/Hegelstraße 276

Als die 1922 gegründete Kleinwohnungsbau Halle AG (heute Hallesche Woh-
nungsbaugesellschaft mbH) Mitte der
1920er-Jahre ihre Bautätigkeit verstärkte, um der drückenden Wohnungsnot in
der Stadt zu begegnen, wurde Heinrich
Faller zu ihrem Vorstandsvorsitzenden
berufen. Der aus Hainstadt am Main
kommende Faller hatte in München,
Darmstadt und Karlsruhe studiert. Der
Siedlungsbau der 1920er- und 1930er-
Jahre in der Saalestadt sollte in der Fol-
gezeit sein Wirken maßgeblich prägen.
—— Als eines seiner ersten Vorhaben für
die Kleinwohnungsbau AG gelten die im
mittleren Teil der Benkendorfer Straße
erbauten Mehrfamilienhäuser, die er har-
monisch an die dort bereits von ihm für
die Genossenschaft „Bund der Kinder-
reichen" errichteten Häuser einpasste.
1928/29 folgte die Wohnanlage in der
Merseburger Straße mit viergeschossigen
Ziegelputzbauten entlang der schnurge-
raden Ausfallstraße. Turmartige Kopfbauten an den Stirnseiten der zueinander

versetzten, mit traditionellem Satteldach
gedeckten Häuser lockerten die lange
Linie auf. —— Kammartig hat Faller
indes die flachgedeckten, kubisch-redu-
zierten und weißgetünchten Häuser der
Siedlung Vogelweide 1931 mit ihren 520
kleinen Wohnungen angeordnet. Offene
Loggien gestalten die Gebäudeecken,
Pergolen verbinden die Häuser miteinander und schaffen fast privat wirkende
Höfe. Mit der „Vogelweide" folgte er am
konsequentesten der Idee von einem
modernen städtischen Siedlungsbau, die
er sich 1935/36 mit der eher konservativ
geprägten Siedlung Reilshof unter dem
Diktat einer „behördlich verordneten,
anständigen Baugesinnung"[46] wieder
aufzugeben gezwungen sah.

SEHENSWERTES
AUF DEM WEG (AUSWAHL)

HALLE (SAALE)

Oberburg Giebichenstein,
Seebener Straße 1

Dorfkirche Böllberg,
Böllberger Weg 152

Reichardts Garten,
Seebener-/Wittekindstraße

Amtsgarten,
Seebener Straße

Botanischer Garten,
Am Kirchtor 3

Kulturstiftung des Bundes
(2012), Dannheimer & Joos
Architekten GmbH, Francke-
platz 2 (Architekturpreis des
Landes Sachsen-Anhalt 2013,
Auszeichnung)

Juridicum (1998), Thomas van
den Valentyn mit Gernot Schulz,
Universitätsplatz 5 (Architekturpreis des Landes Sachsen-Anhalt
2001)

Landesmuseum für Vorgeschichte,
Richard-Wagner-Straße 9

MERSEBURG

**Neumarktkirche St. Thomae
Cantuariensis**, Neumarkt 3

**Dom St. Johannes und
St. Laurentius**, Domplatz 7

**Dom, Schloss und Schloss-
garten**, Domplatz 7

FREYBURG (UNSTRUT)

Klosterkirche St. Bonifatius,
Auf dem Gut, OT Zscheiplitz

Schloss Neuenburg,
Schloss 1

Stadtkirche St. Marien,
Kirchplatz

NAUMBURG (SAALE)

Dom St. Peter und Paul,
Domplatz 16/17

GOSECK

Schloss, Burgstraße 53

Sonnenobservatorium

QUERFURT

Burg, Burgring

GOETHESTADT
BAD LAUCHSTÄDT

**Historische Kuranlagen und
Goethe-Theater**, Parkstraße 18

BAD DÜRRENBERG

Kurpark, Bischofsweg

LANGENEICHSTÄDT

Grab der Dolmengöttin

NEBRA

**Besucherzentrum Arche Nebra
und Aussichtsturm,**
An der Steinklöbe 16,
Mittelberg, OT Kleinwangen

ZUSÄTZLICHE INFORMATIONEN

Verzeichnis der Architekten, die mit der Sanierung der Bauten der Moderne betraut waren/Hinweise zur heutigen Nutzung der Bauten

Aus dem reichen Schaffen der Architekten, die in der Publikation für die Zeit des Neuen Bauens Erwähnung finden, musste eine Auswahl getroffen werden.
Die Angaben zu den Architekten, die mit der Sanierung betraut wurden, sind unvollständig, weitergehende Informationen lagen nicht vor.

Lutherstadt Eisleben
Architekten der Bauten auf Seite 18:
13 Neubauten am Knappenbrunnen (2016), Atelier Schauder, Allstedt OT Liedersdorf
14 Petrihöfe (2012), Kirchner + Przyborowski Diplomingenieure Architekten BDA, Magdeburg
15 Malzscheune, Besucherempfang (2017), hobusch + kuppardt architekten, Leipzig

Mansfeld-Lutherstadt
S. 48 Mansfeld:
48 Schlosskirche, Sanierung 2017: Jörg Kowalski, Architekt, Halle (Saale)

Magdeburg
S. 60/61 Bruno Taut:
3 Gartenstadt-Kolonie Reform (1911–1933), Sanierung: u.a Winfried Brenne, Berlin; Architekten und Ingenieure Reipsch & Mischok GbR, Magdeburg
4 Halle „Stadt und Land" (1922), heute Hermann-Gieseler-Halle
S. 62/63 Johannes Göderitz, Werke-Auswahl:
5 Rindermarkthalle (1924), heute Parkhaus /Schweinemarkthalle (1926), leerstehend
6 Wilhelmstadt-Schule – Erweiterung (1928), heute Integrierte Gesamtschule Willy Brandt
7 Volksbad Südost (1926), heute Gröninger Bad (Gröninger Bad aktion musik e.V.)
8 Umspannwerk (1926)
9 Stadthalle (1927)
S. 64/65 Carl Krayl, Werke-Auswahl:
10 Wohnanlage Schneidersgarten (1926–1932)
11 Sporthaus Freier Wassersportverein Groß-Magdeburg (1927), heute Wassersportverein WSV Lokomotive Magdeburg
12 Verwaltungsgebäude AOK (1927)
Sanierung 1996: Laskowski + Schneidewind, Braunschweig, Hansjörg Stern, Architekt, Magdeburg
13 Dehnes Hof (1936), heute OLi-Kino
14 Siedlung Cracau (1929–1938), Sanierung: Allplan Gmbh, Hannover
S. 66 Albinmüller
15 Aussichtsturm (1927), heute Albinmüllerturm, Sanierung 2006: Kossel, Simon und Partner GBR, Magdeburg
16 Ausstellungsanlage mit Pferdetor, Lichtstelen und Brunnen (1927), Instandsetzung Lichtstelen 2013
S. 68 Konrad Rühl

17 Hermann-Beims-Siedlung (1926–1929), Sanierung fortlaufend: Planungsbüro Neumann-Berking, Wolfsburg

Dessau-Roßlau
S. 89 Walter Gropius:
2 Bauhausgebäude (1926), Sanierung: Brambach + Ebert Architekten, Halle (Saale); Schiess, Pfister, Tropeano, Zürich; Stiftung Bauhaus Dessau, BRENNE ARCHITEKTEN Gesellschaft von Architekten mbH, Berlin
3 Meisterhäuser (1926), heute Ebertallee 63: Kurt Weill Zentrum
Sanierung Haushälfte Feininger 1994: Brambach + Ebert Architekten, Halle (Saale)
Sanierung Meisterhaus Muche-Schlemmer 2001: Winfried Brenne, Berlin
Sanierung Meisterhaus Kandinsky-Klee 2000: Codema International GmbH, Dessau-Roßlau
4 Siedlung Törten (1928)
Mittelring 38: Moses Mendelssohn Zentrum
Doppelreihe 35: Haus Anton (einziges im Originalzustand erhaltenes Gebäude, während Führungen durch Törten zu besichtigen)
5 Konsumgebäude (1928), Infopunkt der Stiftung Bauhaus Dessau, Zahnarztpraxis, Wohnungen, Sanierung 1996: Adolph Juhnke und Schaefter, Gräfenhainichen
6 Amt für Arbeit (1929), heute Amt für öffentliche Sicherheit und Ordnung der Stadt Dessau Roßlau, Sanierung 2002: Architekten Burkhardt und Schumacher, Braunschweig
S. 100 Carl Fieger, Werke-Auswahl:
11 Kornhaus (1930), Sanierung 1996: Brambach + Ebert Architekten, Halle (Saale)
12 Haus Fieger (1927), privat
S. 102 Richard Paulick, Werke-Auswahl:
13 Stahlhaus (1927), heute unbewohnt, während Führungen zu besichtigen, Sanierung 1993: Jürgen Götz, Hildesheim
S. 103 Kurt Elster, Werke-Auswahl:
14 AOK-Verwaltungsgebäude (1930), heute Sport- und Kurshaus „Kurt Elster" (SPUK), Sanierung 2007: Bankert + Lohde Architekten BDA, Dessau-Roßlau
15 Schade-Brauerei (1928), Umbau geplant
16 Kameradschaftshaus der Zuckerraffinerie (1936), ruinös

Lutherstadt Wittenberg
S. 134 Otto Rudolf Salvisberg:
7 Werkssiedlung Piesteritz, Sanierung: Dr. Harald Kegler, Dessau-Roßlau; Dipl.-Ing. Fritz Hubert, München

Halle (Saale)
S. 154 Wilhelm Jost, Werke-Auswahl:
7 Wasserturm Süd (1928)
8 Transformatorenstation (1929)
9 Pestalozzischule (1929)

DANK

10 Ratshof (1929), Sanierung ab 1991: u.a. Peter Frießleben, Architekt, Halle (Saale)
11 Arbeits- und Berufsamt (1930), heute Altenpflegeeinrichtung
S. 156 Hermann Frede (1883–1965), Werke-Auswahl:
12 Siedlung am Johannesplatz (1920–1930)
13 Villa Hartmann (1922), heute Burg Giebichenstein Kunsthochschule Halle
14 Sozialamt (1925), heute Amt für Versorgung und Soziales Halle
15 Verwaltungs- und Wohngebäude (1927), heute Sitz der BVG Bauverein Verwaltungsgesellschaft mbH
S. 157 Wilhelm Ulrich, Werke-Auswahl:
16 Haus Ulrich (Villa „Zu den Sieben Waben") (1925)
17 Haus Huth (1926)
18 Pfarrkirche Zur Heiligsten Dreieinigkeit (1930), Sanierung 2010: AAD Atelier für Architektur und Design, Köthen (Anhalt)
S. 148 Martin Knauthe, Werke-Auswahl:
19 Bürohaus Sernau (1922), heute Bürogebäude
20 Verwaltungs- und Wohnhaus (Krankenkassenverband) (1928), heute Büro- und Wohngebäude, Sanierung 2000: Brambach Architekten, Halle (Saale)
21 Allgemeine Ortskrankenkasse AOK (1931), Sanierung 2005: Architekturbüro Uwe Graul, Halle (Saale)
S.159 Großgarage Süd (1929), Sanierung und Erweiterung: ahrens bauplan GmbH, Halle (Saale)
S.160 Bruno Föhre, Werke-Auswahl:
23 Kaufhaus Lewin (1929), heute Kaufhaus u.a. Thalia-Buchhandlung, Sanierung 1998: Architekturbüro Brambach und Ebert/Halle (Saale)
24 Geschäftshaus (Feinkost Pottel und Broskowski) (1927), u.a. Burger King
25 Wohlfahrtsgebäude mit Notkirche (1933), Kirche am Gesundbrunnen und Kindertagesstätte
S. 161 Heinrich Faller, Werke-Auswahl:
26 Wohnanlage (1925), Merseburger Straße/Freiligathstraße/Karl-Schurz-Straße
27 Siedlung Vogelweide (1931), Vogelweide 1–29
28 Wohnanlage Reilshof (1936), Reilstraße/Fischervon-Erlach-Straße/Wolfensteinstraße/Hegelstraße

Ein Dank geht an die Partner der „Landesinitiative Architektur und Baukultur" im Ministerium für Landesentwicklung und Verkehr des Landes Sachsen-Anhalt, die die Herausgabe der Publikation wohlwollend unterstützten und inhaltlich beratend tätig waren.

Der heutige Ehrenpräsident der Architektenkammer Sachsen-Anhalt Prof. Ralf Niebergall hat den „ARCHITEKTOUREN durch Sachsen-Anhalt" von Anfang an einen hohen Stellenwert eingeräumt, Themen begleitet, Kontinuität befördert. Dank ihm für Unterstützung und Inspiration.

Eine hervorragende Quelle zur Bearbeitung architektonischer Themen ist die „Weiße Reihe" – herausgegeben von der Landeshauptstadt Magdeburg. Die damit verbundene Forschung, Aufarbeitung und Publikation ist ein unschätzbarer Wert für alle, die sich für Architekturgeschichte interessieren.

Für die Unterstützung geht ein Dank an:
Matthias Hoffmann, Osterwieck
IMG – Investitions- und Marketinggesellschaft Sachsen-Anhalt mbH, Magdeburg
SWM Magdeburg
Kulturstiftung Sachsen-Anhalt, Leitzkau
Lutherstadt Wittenberg
Landesamt für Denkmalpflege und Archäologie Sachsen-Anhalt, Halle (Saale)
Stiftung Luthergedenkstätten in Sachsen-Anhalt, Lutherstadt Wittenberg
WOBAU Magdeburg

Eine besondere Erwähnung geht an:
Tourismusverband Sachsen-Anhalt e. V., Magdeburg
Lutherstadt Eisleben

HINWEIS
Viele Bauten haben im Laufe der Jahre Auszeichnungen erhalten. Erwähnung in dieser Publikation finden nur die im Rahmen des Architekturpreises des Landes Sachsen-Anhalt vergebenen Preise und Auszeichnungen.

Sachsen-Anhalt wirbt mit verschiedenen Tourismus-Marken. Weitere Informationen zur „Straße der Romanik", den „Himmelswegen" und den „Gartenträumen" unter: www.sachsen-anhalt.de. Informationen zu den Welterbestätten unter: www.unesco.de.

Mit dem Logo Architektouren wird Architektur des 20. und 21. Jahrhunderts gekennzeichnet, deren Besuch sich besonders empfiehlt.

QUELLEN (AUSWAHL)

Bärbel Rudin: Fritz Theilmann (1902–1991) Bildhauer des Gegenständlichen, Zur Ausstellung des Kulturamts der Stadt Pforzheim vom 20. Dezember 2002 bis 19. Januar 2003 im Pavillon des Ratssaalgebäudes, Pforzheim 2002

Claude Schnaidt: Bauen und Gesellschaft, Schriften, Briefe, Projekte, Verlag der Kunst Dresden, 1980

Claudia Perren, Torsten Blume, Alexia Pooth/Stiftung Bauhaus Dessau: Große Pläne! Zur Angewandten Moderne in Sachsen-Anhalt 1919–1933: Moderne Typen, Fantasten und Erfinder, Kerber Verlag Berlin/Bielefeld, 2016

Cornelia Heller: Architekturpreis des Landes Sachsen-Anhalt 2007, Architektenkammer Sachsen-Anhalt, Michael Imhof Verlag, Petersberg, 2007

Cornelia Heller: Architekturpreis des Landes Sachsen-Anhalt 2010, Architektenkammer Sachsen-Anhalt, Michael Imhof Verlag, Petersberg, 2010

Cornelia Heller: Architekturpreis des Landes Sachsen-Anhalt 2013, Architektenkammer Sachsen-Anhalt, Michael Imhof Verlag, Petersberg, 2013

Cornelia Heller: Architekturpreis des Landes Sachsen-Anhalt 2016, Architektenkammer Sachsen-Anhalt, Michael Imhof Verlag, Petersberg, 2016

Cornelia Heller: Architekturpreis der Bauhausstadt Dessau 2013, Amt für Stadtentwicklung, Stadtplanung und Denkmalpflege, Stadt Dessau-Roßlau, 2014

Cornelia Heller: ARCHITEKTOUREN durch Sachsen-Anhalt – 100 Bauten aus 1000 Jahren, Architektenkammer Sachsen-Anhalt, Michael Imhof Verlag, Petersberg, 2011

Cornelia Heller: Stadt der Moderne Dessau-Roßlau, Kompetenzzentrum Stadtumbau Sachsen-Anhalt, 2015

Cornelia Heller: Luthers Elternhaus, Mansfeld Lutherhaus, auf: www.architekturtourismus.de>>Neu in Sachsen-Anhalt

Cornelia Heller: Neue Meisterhäuser, Dessau-Roßlau, auf: www.architekturtourismus.de>>Neu in Sachsen-Anhalt

Cornelia Heller: Halle (Saale) Balanceakt Doppelstadt, IBA-Stadtbroschüre, Ministerium für Landesentwicklung und Verkehr des Landes Sachsen-Anhalt, 2010

Cornelia Heller: Halle (Saale) Campus Wittenberg, IBA-Stadtbroschüre, Ministerium für Landesentwicklung und Verkehr des Landes Sachsen-Anhalt, 2010

Cornelia Heller: Magdeburg – Leben an und mit der Elbe, IBA-Stadtbroschüre, Ministerium für Landesentwicklung und Verkehr des Landes Sachsen-Anhalt, 2010

Dehio Handbuch, Sachsen-Anhalt I, Regierungsbezirk Magdeburg, Deutscher Kunstverlag, 2002

Dehio Handbuch, Sachsen-Anhalt II, Regierungsbezirke Dessau und Halle, Deutscher Kunstverlag, 1999

Denkmalverzeichnis Sachsen-Anhalt: Stadt Halle, Landesamt für Denkmalpflege Sachsen-Anhalt, fliegenkopf verlag Halle,1996

Denkmalverzeichnis Sachsen-Anhalt: Landkreis Wittenberg, Landesamt für Denkmalpflege Sachsen-Anhalt, Michael Imhof Verlag, Petersberg, 2002

Denkmalverzeichnis Sachsen-Anhalt: Landkreis Mansfeld-Südharz I, Landesamt für Denkmalpflege und Archäologie Sachsen-Anhalt, Michael Imhof Verlag, Petersberg, 2014

Die Geschichte des Bauvereins für Kleinwohnungen e.G. Halle, Von den Anfängen bis heute, Halle (Saale), 1995

Denkmalgeschützte Bauten und Ensembles des Bauverein für Kleinwohnungen e.G. Halle, Halle (Saale), 1996

Dr. Stefan Rhein: Der Beginn der Reformation, Wittenberg 1517, Edition Akanthus, Delitzsch, 2017

Energieeffiziente und Substanz schonende Sanierung historischer Fachwerkbauten, „Bunter Hof" in Osterwieck, ein Arbeitsbericht, Deutsches Fachwerkzentrum Quedlinburg e.V., 2017

Erläuterungen zu den baulichen Maßnahmen 1. bis 3. Bauabschnitt: Kirche und Augustinerkloster St. Annen, Architektur- und Ingenieurbüro Dipl.-Ing. J. Kowalski, Halle (Saale), Mai 2017

Florian Heilmeyer: Reformationsland – Eine Reise zu 28 vom Bund geförderten Reformationsstätten in Sachsen, Sachsen-Anhalt und Thüringen, Presse- und Informationsamt der Bundesregierung, Berlin, 2017

Gilbert Lupfer, Paul Sigel: Walter Gropius 1883–1969, Propagandist der neuen Form, Taschen, Köln, 2002

Günter Kowa: Gespaltene Welt, Schauplätze der Reformation, Mitteldeutscher Verlag, Halle (Saale), 2017

Günter Paulke: Müller, Albin Camillo, Prof.: www.uni-magdeburg.de/mbl/Biografien/1580

Hallesche Wohnungsgesellschaft mbH: „1922 – 2012 Neun Jahrzehnte kommunaler Wohnungsbau in Halle: Von der Kleinwohnungsbau Halle AG zur Halleschen Wohnungsgesellschaft mbH – Eine Sonderausgabe der MIETERPOST der HWG" , Halle (Saale), 2012

Hans Gottschalk: Gerhard Gauger, auf: www.uni-magdeburg.de/mbl/Biografien/1547

Hans Gottschalk: Rühl, Konrad, auf: www.uni-magdeburg.de/mbl/Biografien/16993

Harald Meller, Alfred Reichenberger: Kulturgeschichten aus Sachsen-Anhalt, Landesamt für Denkmalpflege und Archäologie Sachsen-Anhalt, Landesmuseum für Vorgeschichte, Halle (Sale), 2011

Heike Kriewald: Taut, Bruno Julius Florian, www.uni-magdeburg.de/mbl/Biografien/1698

Helmut Erfurth, Walter Scheiffele, Elisabeth Tharandt: Bauhaus Dessau: Das Gebäude, Architektur und Zeitgeschichte der Moderne, Anhaltische Verlagsgesellschaft im Mitteldeutschen Verlag, Halle, 2001

Holger Brülls, Thomas Dietzsch: Architekturführer Halle an der Saale, Dietrich Reimer Verlag, Berlin, 2000

Ines Hildebrand: Johannes Göderitz: www.uni-magdeburg.de/mbl/Biografien/1548

Irene Below in: Bauhaus und Gegenwart, Schriften zur Moderne: Leopold Fischer, Architekt der Moderne, Bauhaus Dessau, Funk Verlag Bernhard Hein e.K.

Jens Lipsdorf: Hermann Frede – Ein hallenscher Architekt zwischen Tradition und Moderne, Freunde der Bau- und Kunstdenkmale Sachsen-Anhalt e.V., Halle (Saale) 1998

Jens Lipsdorf: Bruno Föhre. Biographie und Werksverzeichnis. Allgemeines Künstlerlexikon Bd. 41, Saur-Verlag, 2005

Klaus Thiele: Das „Wort" wurde Stadt – Hausinschriften in Fachwerkstätten des 16. und 17. Jahrhunderts am Harz und an der Weser, auf: www.geschichtsvereingoslar.de/mediapool/133/1339375/data/HAUSIN-SCHRIFTEN.pdf

Klaus Thiele: Die Frühprotestantische Kirche St. Stephani in Osterwieck, Dr. Klaus Thiele, Wolfenbüttel, Verlag Ladde Badersleben, Neubearbeitung der unter gleichem Titel 2001-2002 herausgegebenen Schriften, 2016

Landeshauptstadt Magdeburg, Stadtplanungsamt Magdeburg: Magdeburg – Architektur und Städtebau, Verlag Janos Stekovics, Halle (Saale), 2001

Malte Bastian: Tradition mit Zukunft – Die Geschichte der AOK in Sachsen-Anhalt, Wirtschaftsverlag NW, Bremerhaven, 2006

Martha Döhler/Iris Reuter: Magdeburg – Die Stadt des Neuen Bauwillens. Zur Siedlungsentwicklung in der Weimarer Republik, 1995

Mathias Homagk: „Gebaut habe ich genug", Hasenverlag, Halle (Saale), 2012

Mathias Homagk, in: www.kulturfalter.de/magazin/stadtgeschichte/der-architekt-und-stadtbaurat-wilhelm-jost-in-halle

Matthias Noell: weiterbauen, weiterdenken: Neue Häuser für Martin Luther, Die musealen Erweiterungen in Wittenberg, Eisleben und Mansfeld, Stiftung Luthergedenkstätten, Hirmer Verlag GmbH, München, 2017

mk.sachsen-anhalt.de/fileadmin/Bibliothek/Politik_und_Verwaltung/MK/MK/Textdokumente/05-16meisterhaueser_dorgerloh.pdf

Olaf Gisbertz: Bruno Taut und Johannes Göderitz in Magdeburg, Architektur und Städtebau in der Weimarer Republik, Verlag Gbr. Mann, Berlin, 2000

Petra Heise, Marie Neumüllers, Prof. Ralf Niebergall: ARCHITEKTOUREN durch Sachsen-Anhalt, Bauten des 20. Jahrhunderts: Das bunte Magdeburg, Bauhausstadt Dessau, Universitätsstadt Halle (Saale), Architektenkammer Sachsen-Anhalt, Michael Imhof Verlag, Petersberg, 2006

Sabine Ullrich: Die Stadthalle, Monument der Magdeburger Moderne, Landeshauptstadt Magdeburg, Stadtplanungsamt Magdeburg Nr. 65, Magdeburg, 2004

Stiftung Bauhaus Dessau: Welterbestätte Bauhaus, Bauhaus Taschenbuch 21, Spector Books, Leipzig, 2017, S. 76

Stiftung Bauhaus Dessau: Bauhaus Dessau, Dessau – Bitterfeld – Wittenberg, Industrielles Gartenreich, ex pose verlag, 1992

Thomas Schauerte: Der Kardinal Albrecht von Brandenburg, Renaissancefürst und Mäzen, Band 1 und 2, Katalog zur Ausstellung, Stiftung Moritzburg, Verlag Schnell & Steiner GmbH, 2006

Ulrike Steglich: Dessau-Roßlau Urbane Kerne – Landschaftliche Zonen, IBA–Stadtbroschüre, Ministerium für Landesentwicklung und Verkehr des Landes Sachsen-Anhalt, 2010

Uta Karin Schmitt M.A.: Dissertation zur Erlangung der Doktorwürde der Philosophischen Fakultät der Ruprecht-Karls Universität Heidelberg, Zentrum für Europäische Geschichts- und Kulturwissenschaften, Institut für Europäische Kunstgeschichte: Vom Bauhaus zur Bauakademie, Carl Fieger Architekt und Designer (1893–1960) Teil I: Text, Berlin 2015

Ute Maasberg: Aus dem Schatten ins Licht, in: BUNTE STADT – NEUES BAUEN, Die Baukunst von Carl Krayl von Gabriele Köster, Michael Stöneberg, Begleitbuch zur gleichnamigen Ausstellung im Kulturhistorischen Museum Magdeburg, Deutscher Kunstverlag GmbH, Berlin, 2016

Von Dessau nach Wörlitz, Städtebaulicher Modellwettbewerb des Kulturkreises der deutschen Wirtschaft im Bundesverband der Deutschen Industrie e.V. 1994/95, Beiträge zur Vitalisierung einer Industrie- und Kulturlandschaft, 1996

Walter Thöner: Architekt Walter Gropius, Der talentierte Mister Bauhaus in: Spiegel online, 18.05.2008 auf: www.spiegel.de/einestages/architekt-walter-gropius-a-946994.html

Zwischen Wörlitz und Mosigkau, Baumeister in Dessau, Schriftenreihe zur Geschichte der Stadt Dessau und Umgebung, Heft 34, 1. Teil, Dessau 1992

ZITATNACHWEIS

Internetpräsenzen (Auswahl)

www.architekten-portrait.de/richard_paulick
www.bauhaus100.de
www.bauhaus-dessau.de
www.bauhuette-stadtgottesacker.de
www.db-bauzeitung.de/aktuell/neu-in/
neu-in-dessau-rosslau/2012
www.eisleben.eu
www.harz-saale.de
www.immohal.de
www.kulturland-osterwieck.de
www.kloster-helfta.de
www.kulturstiftung.de
www.kupferspuren.artwork-agentur.de
www.luther2017.de
www.luther-erleben.de/luther-war-hier/orte
www.lutherstadt-wittenberg.de/kultur/
luthergedenkstaetten
www.martinluther.de
www.monumente-online.de
www.mz-web.de/3337910 ©2018
www.mz-web.de/24941118 ©2018
www.mz-web.de/24941118 ©2018
www.mz-web.de/dessau-rosslau/denkmalschutz-
konkurrent-der-bauhaeusler-9983058, 24.07.2002
www.sachsen-anhalt-wiki.de
www.schloss-mansfeld.de/verein
www.stadt-osterwieck.de
www.strasse-der-moderne.de
www.stiftung-moritzburg.de
www.welterbe-luther.de
www.wikipedia.org

[1] Dehio Handbuch, Sachsen-Anhalt II, Regierungsbezirke Dessau und Halle, Deutscher Kunstverlag, 1999, Seite 515

[2] ebenda

[3] https://de.wikipedia.org/wiki/Reform

[4] http://www.sachsen-anhalt-tourismus.de/kultur/
das-bauhaus/orte/magdeburg/

[5] Heike Kriewald: Taut, Bruno Julius Florian,
www.unimagdeburg.de/mbl/Biografen/1698

[6] Magdeburgische Zeitung/Volksstimme vom
26.06.1921

[7] Olaf Giesbertz: http://www.baunetz.de/
meldungen/Meldungen_Kampagne_fuer_
Kohlebunker_in_Magdeburg_28956.html

[8] Olaf Gisbertz: Stadt, Land, Halle – Pflegefälle:
Die Bauten von Bruno Taut und Johannes Göderitz in Magdeburg; Frankfurter Allgemeine vom
24. Juni 1998

[9] Ute Maasberg: Aus dem Schatten ins Licht, in:
BUNTE STADT – NEUES BAUEN, Die Baukunst
von Carl Krayl von Gabriele Köster, Michael
Stöneberg, Begleitbuch zur gleichnamigen Ausstellung im Kulturhistorischen Museum Magdeburg, Deutscher Kunstverlag GmbH, Berlin,
2016, S. 14

[10] ebenda, S. 31

[11] ebenda, S. 31

[12] http://bs.cyty.com/kirche-von-unten/archiv/
kvu137/variantenderreformation.htm, Helmut
Liersch

[13] Luther und die Reformation, in: Sachsen-Anhalt.
Kernland deutscher Geschichte: Rendezvous mit
Kultur., Investitions- und Marketinggesellschaft
Sachsen-Anhalt mbH, Magdeburg, Februar
2012, S. 35

[14] http://www.geschichtsvereingoslar.de/media
pool/133/1339375/data/HAUSINSCHRIFTEN.
pdf: Das „Wort" wurde Stadt – Hausinschriften
in Fachwerkstätten des 16. Und 17. Jahrhunderts am Harz und an der Weser, Klaus Thiele

[15] http://www.geschichtsvereingoslar.de/media
pool/133/1339375/data/HAUSINSCHRIFTEN.pdf

[16] www.kulturland-osterwieck.de/eu/projekte

[17] Cornelia Heller: ARCHITEKTOUREN in Sachsen-
Anhalt – 100 Bauten aus 1000 Jahren, Architek-
tenkammer Sachsen-Anhalt, Michael Imhof
Verlag, Petersberg, 2011, S. 93

[18] Claudia Perren, Torsten Blume, Alexia Pooth/ Stiftung Bauhaus Dessau: Große Pläne! Zur Angewandten Moderne in Sachsen-Anhalt 1919– 1933: Moderne Typen, Fantasten und Erfinder, Kerber Verlag Berlin/Bielefeld, 2016, S. 28

[19] http://www.dbz.de/artikel/dbz_Das_Bauhaus_ ist_mir_erstmal_piepegal_LEhttp_www. bauhaus-2019.de_www_2284371.html

[20] vgl. Helmut Erfurth, Walter Scheiffele, Elisabeth Tharandt: Bauhaus Dessau: Das Gebäude, Architektur und Zeitgeschichte der Moderne, Anhaltische Verlagsgesellschaft im Mitteldeutschen Verlag, Halle, 2001, S. 60

[21] vgl. Harald Kegler: „Nur eine gute Idee? Das industrielle Gartenreich Dessau-Wörlitz-Bitter-feld", http://dr-kegler.de/nur_eine_gute_idee.html

[22] Welterbestätte Bauhaus, Bauhaus Taschenbuch 21, Stiftung Bauhaus Dessau, Spector Books, Leipzig, 2017, S. 76

[23] Vgl. Walter Thöner: Architekt Walter Gropius, Der talentierte Mister Bauhaus in: Spiegel online, 18.05.2008, http://www.spiegel.de/einestages/ architekt-walter-gropius-a-946994.html

[24] Gilbert Lupfer, Paul Sigel: Walter Gropius 1883–1969, Propagandist der neuen Form, Taschen, Köln, 2002, (Erläuterungstext „Bau-kasten im Großen", Entwurf von Gropius und Meyer, 1922/23), S. 15

[25] ebenda, S. 13

[26] https://mk.sachsen-anhalt.de/leadmin/ Bibliothek/Politik_und_Verwaltung/MK/MK/ Textdokumente/05-16meisterhaeuser_ dorgerloh.pdf

[27] Cornelia Heller: Neue Meisterhäuser, Dessau-Roßlau: www.architekturtourismus.de >>Neu in Sachsen-Anhalt>>Dessau-Roßlau

[28] Claude Schnaidt: Bauen und Gesellschaft, Schriften, Briefe, Projekte, Verlag der Kunst Dresden, 1980

[29] Vgl.: Uta Karin Schmitt M.A., Dissertation zur Erlangung der Doktorwürde der Philosophischen Fakultät der Ruprecht-Karls Universität Heidel-berg, Zentrum für Europäische Geschichts- und Kulturwissenschaften, Institut für Europäische Kunstgeschichte: Vom Bauhaus zur Bauaka-demie, Carl Fieger Architekt und Designer (1893–1960) Teil I: Text, Berlin 2015, S. 189

[30] ebenda S. 111

[31] ebenda S. 114

[32] ebenda S. 51

[33] ebenda S. 51

[34] Irene Below in: Bauhaus und Gegenwart, Schriften zur Moderne: Leopold Fischer, Architekt der Moderne, Funk Verlag Bernhard Hein e. K., Herausgeber: Bauhaus Dessau, S. 26

[35] https://www.bauhaus-dessau.de/de/bauhaus-museum-dessau.html

[36] Véronique Faucheur, Anne Weißenborn: Gott geschaffene Ordnung in: landschaftsarchitekten 1/2017, S.6

[37] Vgl. Anke Neugebauer: Wohnen im Wittenberger Schloss – Zur Nutzung und Ausstattung der fürst-lichen Gemächer, Stuben und Kammern, in: Heiner Lück u. a. (Hg.): Das ernestinische Witten-berg: Stadt und Bewohner. Textband (Wittenberg-Forschungen 2/1), Petersberg 2013, S. 315–333

[38] www.luthergarten.de>>Idee

[39] https://de.wikipedia.org/wiki/Otto_Rudolf_ Salvisberg

[40] DIE ZEIT: Moderne in Maßen, Bernhard Schulz, 11. April 1986, http://www.zeit.de/1986/16/ moderne-in-massen

[41] Denkmalverzeichnis Sachsen-Anhalt, Landkreis Wittenberg, Landesamt für Denkmalpflege Sachsen-Anhalt, Halle 2002, Michael Imhof Verlag, Petersberg, 2002, S. 180

[42] Dehio Handbuch der Deutschen Kunstdenk-mäler, Regierungsbezirke Dessau und Halle, Sachsen-Anhalt II, 1999: Neue Residenz, S. 275

[43] vgl.www.bauwelt.de/dl/752493/10819483_ 4b542605fc.pdf

[44] https://hallespektrum.de/nachrichten/ vermischtes/dem-schoepfer-von-halle-wilhelm-jost-zum-140-geburtstag/121502/

[45] Hubertus Adam in „Bauwelt" Heft 25/1998 vom 03.07.1998

[46] Architekturführer Halle an der Saale, Holger Brülls, Thomas Dietzsch, Dietrich Reimer Verlag, Berlin, 2000, S. 109